U0856396

当代杂文名家书系

包扎伤口还是包扎刀子

高伟 著

群众出版社
·北京·

图书在版编目（CIP）数据

包扎伤口还是包扎刀子 / 高伟著. — 北京：群众出版社，2015.10
（当代杂文名家书系）
ISBN 978-7-5014-5448-8
Ⅰ. ①包… Ⅱ. ①高… Ⅲ. ①杂文集–中国–当代 Ⅳ. ①I267.1
中国版本图书馆CIP数据核字（2015）第252172号

当代杂文名家书系

包扎伤口还是包扎刀子

高　伟　著

出版发行：群众出版社
地　　址：北京市西城区木樨地南里
邮政编码：100038
经　　销：新华书店
印　　刷：北京普瑞德印刷厂

版　　次：2015年11月第1版
印　　次：2015年11月第1次
印　　张：8.625
开　　本：880毫米×1230毫米 1/32
字　　数：178千字

书　　号：ISBN 978-7-5014-5448-8
定　　价：32.00元

网　　址：www.qzcbs.com
电子邮箱：qzcbs@sohu.com

营销中心电话：010-83903254
读者服务部电话（门市）：010-83903257
警官读者俱乐部电话（网购、邮购）：010-83903253
公安综合分社电话：010-83901870

思想不灭　杂文不死　希望常在

（总　序）

朱铁志
《求是》杂志副总编

在群众出版社出版的“当代杂文名家书系”中，八位同行的作品名列其中。老友阮直兄嘱我写一点感想作为总序，犹豫再三，还是从命了。之所以犹豫，一是因为近年来工作繁忙，对杂文创作的整体情况缺乏应有的调查研究，所知有限，没有多少发言权；二是对于八位作者的了解不均衡，有的熟悉一些，有的不那么熟悉，缺乏知人论世的先决条件；三是对自己的判断能力越来越不自信：真理的相对性和判断的绝对性是一对矛盾，私心以为一孔之见的东西，别人看来可能一文不值，所以聪明人通常是谨慎而沉默的。好在我并不聪明，又兼八位作者的作品摆在那里，“鸡蛋”的味道如何，自可仔细品评，未必非要拜见“母

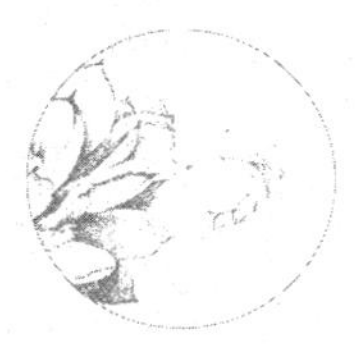

鸡”。借用国庆长假，清茶一杯，拜读佳作，也不失为一桩美事。何况我之所以斗胆作序并不是自认有资格，而是因为崇尚独立人格、独立思考、独特表达，是因为推崇自由之精神、独立之思想。在八位作者身上，我不同程度地发现了这种“三独”气质，看到了流淌在他们文字间的杂文精神，禁不住引为同道。尽管并不完全赞同他们的所有观点，但这似乎不至于成为我们彼此疏远的原因。君子和而不同，本是同志之道；杂文作者之间，更应具有求同存异的雅量、欣赏“异己”的胸怀。

有人说网络时代是杂文式微的时代，也有人说杂文已死，杂文家已亡，蕴含其间的悲愤与无奈不难体会。这样的说法，一方面道出了事实真相，即传统的、主要活跃于报纸副刊的杂文确实呈现出衰微的景象，与报刊发行量、广告量双双走低的整体趋势高度契合。另一方面，互联网特别是移动客户端的迅猛发展，从技术层面为人们的自由表达预留了巨大空间、创造了极大可能。一批思想深邃、材料丰富、文笔犀利的网络杂文异军突起，大有取代传统报刊杂文的态势，让习惯了在报刊园地挥洒的传统杂文家一时不知如何掌握文章分寸，妥善把持杂文的“度”，变得像个“足将进而趑趄，口将言而嗫嚅”的“小脚女人”。从这个意义上说，杂文似乎确已式微、杂文家确乎半死不活了。

然而，这不过是事物的表象而已。如果把目光从报刊“花边文学”中稍稍移开一点，放眼“海量信息、实时更新、双向互动”的网络空间，就不得不承认，杂文非但没有死，反而以更加健朗的姿态、更加犀利的锋芒、更加多变的样式在更广阔的空间复活了。如果说传统杂文属于“小众写作”，门槛相对较高，那么如今的网络写作则是典型的“众声沸腾”、“百花齐放、百家争鸣”。人民群众的知情权、表达权、监督权从未像今天这样得以充分体现。一个有出息、有抱负的杂文家，不必和“评论”争短长，无须抱怨网络抢了饭碗，应该从传统报纸副刊的小天地里杀将出来，努力使自己成为评论写作、杂文创作、网络耕作的“三栖动物”，竭尽全力干好自己手中的活计就是了。本丛书的八位作者身份不同、年龄各异，既有我的前辈，也有我的同代人，更有风华正茂的七零后、八零后。他们没有止步于传统报刊，而是潇洒游走于实体报刊和虚拟空间两大地带，成为广受关注的杂文作者。

赵相如老师早年供职于《人民日报》，如今主持《华商汇》及其副刊的笔政，无论从事意识形态色彩很重的党报工作，还是主办民间刊物，都兢兢业业、一丝不苟，干得风生水起、异彩纷呈。作为杂文界的前辈，赵老师不仅几十年笔耕不辍、佳作迭出，而且在自己主持的园地里团结培养了一大批优秀作者，使《华商汇》成为一块全国为数不多的杂文热土。丰富的阅历、渊博的学识、勤奋的笔耕，使他的杂文干净清爽、老辣纯熟、绵里藏针，具有娓娓道来、从容不迫的美学气质。赵老师的杂文，极少有华美的词句、华丽的铺排，更没有华而不实的装腔作势。他的言说，倒像是阅尽世事沧桑的智者与后生秉烛夜谈，说的都是家常话，道的却是人间至真的情与理。

郭兴文先生长我几岁，属于同代人。但在我心目中，他早已是闻名遐迩、功成名就的大家了。郭兴文先生生长于人文传统深厚的陕西，大学时专攻文史，毕业后长期供职于《西安日报》，写新闻、办副刊、搞研究，样样涉猎，均有所成，著述颇丰，曾获韬奋新闻奖等百余奖项。深厚的文史功底使他的杂文具有浓郁的书卷气，他常将笔触伸向时间深处，在泛黄的书卷中寻找古为今用的资源，自如游走于古今之间，见人所未见，发人所未发。

我与阮直兄相识多年，时有沟通，是无话不说的老朋友。文人间的友谊少不了以文相识、以文相交、以文相敬。除了思想观点、审美趣味的契合，更兼声气相投、性格暗合。阮直兄，原名刘永平，从内蒙古到广西北海，一路南下，不仅将大嗓门喊到了南方，也把杂文之火烧到了那里。说到他的杂文创作，不能不提他对整个杂文文坛的贡献。他所主持的《北海日报》《北海晚报》是编发杂文颇多的地方报纸。熟悉如今杂文创作生态的朋友不难明白，这是多么不易。不仅如此，他还常常向各省市报刊毫无保留地推荐作者，许多知名和不知名的作者经他推荐走了上杂文创作的道路。他的古道热肠，是被朋友广为称道的。阮直的杂文创作带有鲜明的文学色彩，他始终把杂文作为文学的一个分支来经营，不屑于平铺直叙的所谓“直抒胸臆”。他的创作善于从细节出发，透过具象的观察得出宏大的结论，善于将理性的思考投注到感性形象的描摹之中。他创作的最大特点是幽默机智。机智来源于博学基础上的顿悟，而幽默不仅有先天性格的优势，更是一种智力的优越，这就难怪他的杂文常有一些奇妙的构思让人拍案叫绝。

熟悉赵青云的名字，始于赵相如老师主编的《华商汇》。因为常在其中的“社情杂思”栏目中碰面，由知其文而知其人，逐渐成了朋友。在我看来，青云近乎全才：头顶复旦大学哲学博士学位，担任宁波海事局的主要领导，能文擅画，又有一手专业水准的篆刻技术。更为难得的是，他并不恃才傲物，为人极其谦和朴实，不失文人本色。他的杂文多从现实中来，重实际、接地气，具有浓郁的生活气息。在朴素的文字背后，常有奇思妙想；在平和的表达之下，蕴藏尖锐的批评。

本套丛书的一大特色是八位作者中有四位女将。这里单独强调杂文作者的性别，绝无性别歧视的意味，而是因为杂文这种特殊的文体似乎男性更加青睐，与男人性格更加契合。虽然这并非绝对真理，但证诸以往的杂文创作，却是不争的事实。以我十分有限的阅读经历，发现活跃或曾经活跃在当代文坛的杂文女作者实在有限，二十一世纪以来活跃的杂文女作者似乎更少。

多年前认识孔曦，有过两面之缘，也读过她的一些作品，算是老朋友了。孔曦的经历比较丰富，工学出身，做过技术员，当过刑事技术讲师，后从事报纸编辑工作，已有多部杂文随笔集出版。读女作者的作品，往往不自觉地有“女性写作”的先入观念作祟。然而我看了孔曦近期的创作以后，却吃惊地发现她现在的创作充满了男性作者也未必具有的阳刚之气。其思想之刚健、行文之果决、论断之坚硬，都让我对这位上海女人另眼相看。

至于高伟，说来有趣，我是通过她行走天下的儿子认识她

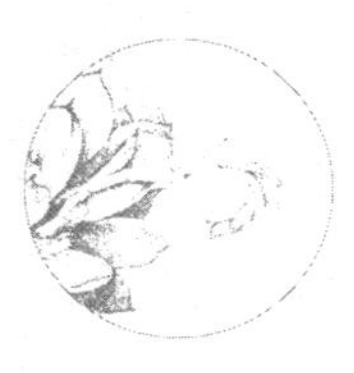

的。那个大三男孩独步青藏高原，不仅用自己的脚步丈量天有多高、地有多阔、人能走多远，而且洋洋洒洒写下了几十万字的游记，这在如今的独生子女当中实在不多见。我很好奇，这么好的孩子背后一定站着一位了不起的妈妈吧？是的，高伟便是。高伟系作家、诗人出身，博览群书带来的通达灵动，加上小说家细致入微的刻画描写，使她的杂文随笔带有一种作家气质。透过她文中涉猎的阅读范围，我也明白了她教子有方的内在秘密。高伟的杂文最为可贵的一点是她在针砭时弊的同时，常常毫不留情地解剖自己。女性的直觉一旦上升到哲学的高度，就很可能产生一种令人悚然而惊的力量和震撼。这个“一生只向真理低头”的快乐女子，善于把打击自己的力量当作自己的力量，因而具有双倍的力量。

马亚丽的名字并不陌生，从《杂文四重奏》中就已知道。作为东北老乡，我对马亚丽有一种天然的亲近感。她曾经做过环卫工人、绿化工人的经历，尤其让我肃然起敬。有人说杂文的门槛比较低，似乎谁都可以写，我完全不认同这样的说法。对于蹩脚的创作而言，小说、诗歌、散文，甚至所谓学术论文的门槛都不高，谁都可以操持，但结果却有天壤之别。流在血管中的是血，流在下水道里的只能是污水。马亚丽用自己的勤奋和才华，不仅改变了自身的命运，而且将作品刊发于全国各大媒体。她的创作徜徉于古今之间，善于从时间深处钩沉掌故，挥洒哲思。有人说她是“女子文学”中一枝挺立的奇葩，有侠骨剑气之勇、翠竹红梅之美、凌霜傲雪之姿。其文风俏皮流丽、峻拔犀利，融说理、言事、抒情于一炉，于荒唐中见真情，于幽默中寓深意。

林永芳的存在是我孤陋寡闻最有力的证据。在八位作者当中，林永芳或许是最具学者气质的一位。这不仅是因为她在先后从事科技工作、理论工作和行政工作之余始终坚持有效阅读，更是因为她的独立姿态、她的桀骜不驯、她的旁征博引、她的表面平和冲淡实则锋芒毕露的文字。林永芳的杂文有思想、有文采、有锋芒、有力度。但当她面对网络时代众声沸腾的局面时，却谦虚地说自己“不会再有‘文章济世’的天真幻想了。只不过，既然上天赐我尘世一游，既然观察未停止、思考未停止，既然偶有所思所感，不忍就这样任其散佚湮灭。相信独立思考的东西，总不会毫无参考价值。‘思想超市’里的产品丰富一分，总胜过单调一点。倘能给他人以那么一星半点的共鸣和启迪，也就不算白写了”。这样的说法，或许无意间道出了如今很多杂文家的写作宗旨，具有相当的普遍性。

是的，文章未必是“经国之大业、不朽之盛事”，也肯定没有“一言兴邦，一言丧邦”的威力，但自由思想、自由表达，永远是创造的前提。这就是杂文无论怎样卑微，依然有其独立存在价值的原因所在。

2015年10月6日于北京

一生只向真理低头

（代 序）

高 伟

常常有干成一点什么事的冲动，也知道这种冲动缘于自己的虚荣心。有时觉得这很无聊，就暗暗用马斯洛的“自我实现”理论安慰自己：人活着，总要一直向更高的自己去自我实现，这是人性嘛。有哲学家说，名誉是智者最后放弃的东西，就算那些在文章中让人们淡泊名利的人，出书的时候也会把自己的名字印在封面最显眼的地方。那些能放弃名誉的人，不是高于人性就是低于人性。连智者都如此，我这样的庸人又如何能脱俗？麦家也说，人生是虚无的，为什么我们需要虚荣心？因为虚荣心可以对抗一下虚无感。时常和好友互相嘲笑，说我们这一生，使出吃奶的蛮劲儿试图做出一点像样的事情，以便写简历的时候用得上它们。

是的，人的长长的一生，拼死拼活试图去做好，或为名或为利，其实也无非是想用生命把自己的简历写得殷实一些。

直到今天，我的简历上写着的一直是“诗人”。我从十几岁时开始写诗，二十岁出头，开始在报刊上发表诗歌，还在当时很有影响的《诗歌报》举办的全国首届诗歌大赛中获了个三等奖。从此我就一头扎进诗歌里面，开始过起了把诗歌当主食而不食人间烟火的日子。那时候一天我能写五六首诗，心想这么写下去以后不变成中国的茨维塔耶娃还不得愧死？真是人小胆肥，青春时节的豪言壮语和恋爱时的山盟海誓是同一种东西，都是用来背叛的。直到今天我在诗界混得平庸稀拉也没有去死。那时候我还是一个小公务员，却把所有的心思都用在写诗上面。单位领导认为我能写诗，应该也能写公文吧，就把我调到办公室里面搞单位的信息工作。我实在不喜欢写公文，在单位抽空就读诗写诗，还因为每天写诗写到半夜而在工作的时候呵欠连连。我辜负了单位领导的期望。几年后，我们城市的晚报开始筹办，我被调到《青岛晚报》去干副刊编辑。我终于可以白天黑夜地写诗了。

一晃，若干年就忽地过去了。我也真是写了一些诗，出了几本诗集。尤其是前些年，我用300天的时间写了300首诗歌，出了三本诗集：《99朵玫瑰和一首绝望的诗》《99只蝴蝶和一首涅槃的歌》《梅花99弄和一首复活的诗》。《诗刊》在头题位置还发表了我的一组《玫瑰组诗》，《星星诗刊》《作家》《江南》《诗歌月刊》等全国各大报刊也刊出我的诗歌，还曾被选入年度诗歌选本。

我后来写文章写得比诗歌多了。这有两个原因：一是因为工作需要——我为了在工作上主动一些，就在自己的报纸上写文章，以便及时把最新发生的世态说道一番，没想到这些文字得到了读者的认可，他们说了我不少好话。报社领导便给我开了专栏。我在青岛的两份市民报纸上开了若干年的专栏，在其他报纸、刊物、网站也开过专栏。二是因为写诗歌是最天底下最不赚钱的事情——出诗集不仅不挣钱而且还要自己掏钱，太不划算，当一个纯诗人非得饿死；写文章不仅能挣稿费，出了书还能挣回版税，尽管这几十年什么东西都在涨价，就是稿费没有涨；但这些好处还是引诱了我。这些年，我出版了传奇系列三部曲《她传奇》《他传奇》《爱传奇》；身心灵哲学《不要晃动生命的瓶子》；在报刊上写的专栏文章也陆续出了几本集子《感情的时间》《生命从来不肯简单》《每一次破碎都是盛开》《爱自己就是接纳自己》《痛苦是化了妆的礼物》。有些文章后来被多种杂文年度选本选中，王乾荣老师编辑的《中国最佳杂文年度选》是其中之一，这些年来我的文章总是有幸被王老师选中。我的文章还有多篇被向继东老师编辑的《中国杂文年度精选》和王国华老师编辑的《中国杂文年选》选用。《杂文选刊》还在“杂坛新集”栏目中选编了三篇我的杂文，而且让我写了创作谈。《杂文报》出版的七年精选集《春天里有梦：2005—2012》还选了我的两篇文章。

我是个一年四季穿吉卜赛长花裙，留着天然长鬈发披挂的女人，把诗歌当成是家园，身体和灵魂都愿意与诗意昵近。我从来不知道自己写的是杂文。我原以为我的“娘家”是“诗歌”或者“随笔”，我像个用情的女儿那样愿意把诗歌和随笔写得好一点，以便得到“诗歌”和“随笔”这两个娘家大家族的认可。非常意外地是，我却接收到“杂文”这个“辛辣妈妈”抛来的橄榄枝最多。这是多么奇怪的事情，又是多么意外的事情。我不知所措，激动得不知道怎么感谢这个胸怀辽阔的“杂文妈妈”。

我在俗世上活得很费力，很落伍，很丢三落四，很不跟趟儿，可是，只要在这个世界上存在还能朗读诗歌，还能仰望哲学一样的星空，我就能活得下去。我好养活，连我的伤口也好哄，艺术与美不死就成；爱，不死就成。在这个互联网时代，物质成为这个世界的大牌，我却还在固执地认定用钻木取火的方式获得的爱与善，才是生命真实的养分；固执地相信在这个世界本质上起作用的，依然是亘古不变的天律和道德律；固执地认定养育身体的是食物，养育心灵的是爱与美。我相信真实比所谓的正确更有力，宽恕别人就是宽恕自己。慕容雪村曾经说，他一生只向真理低头，还说人若是清明就要活在某种文明之中，而不是活在物质和所谓的成功之中。我相信，并且一直试图在用生命去践行这些庄重的话语。尽管我的内心有一头暴烈的野兽，总是试图把我坠向俗世生活，但是我在内心对这头野兽有着足够的警觉，我在学着像一个够格的守门员一样把守着心灵之门，抵挡这头野兽频频射来的足球……我想，我用这些东西形成的文字，和杂文的灵魂有着某种能量频谱的契合，“杂文妈妈”认领了我这个女儿，用她的认同来疼爱我。

是的，一生只向真理低头。这才是杂文的魂魄。

代 序

这一回，我和其他三位杂文界卓有成就的女子共同出版这套杂文集，是我的荣幸。

从今天起，我的“简历”上一定要写上与“杂文”有关的内容。我不敢称自己为“杂文家”，但我这一辈子的最大愿望，就是向这个美丽称呼去靠近。

C目录 ontents

第一辑 穷养还是富养

我们一不留神就会看出别人的毛病 003
别人的眼光 006
飙车已经结束 009
假如生活欺骗了我 012
先救火还是先追杀 016
怜悯自己是天下最容易的事情 019
穷养还是富养 022
原来，这么浅 026
痛苦是我们生命中的垃圾 030
我们不懂得别人的人生是怎么回事 033
我们现在过着的就是我们真实的人生 036
被低估的享乐成本 039
宇宙亿年与人生百年 042
自己出了问题 045
拥有就是被拥有 050

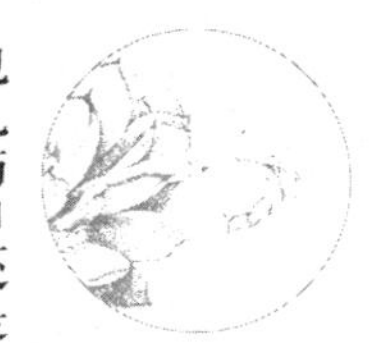

欲望是个敲门人 054

第二辑 包扎伤口还是包扎刀子

包扎伤口还是包扎刀子 061
幸福与被幸福 065
病从口入 069
别人永远有看法 075
才华没有什么了不起的 079
成功是人生最大的谎言 083
聪明的身体 088
打击你的力量就是你的力量 093
“黑天鹅”事件 098
活在点子上 102
励志教育与幽暗教育 107
你不知道他们是怎么长起来的 112
闲情教育 118
现实生活是最大的遗传 123

第三辑 女人，不要浪费了自己的受伤

每个女人其实都是独身女人 131
此生应该纠正的是自己的愤怒 134
男人坏？女人坏？ 137
你的情色化成了蝶还是化成了苍蝇 140
女人，不要浪费了自己的受伤 143
女人，有爱无爱、有钱无钱都是利润 146
别再标榜自己是水做的 149
诺言是用来背叛的 152
真相是可以杀人的 155
一见是怎么钟情的 159
超市与专卖店 162
你来不来与我同居？ 165
苏菲式的女人和罗密式的女人 168
聚少离多是个替死鬼一样的词 171
女人，不要让人可怜 175
早一点“幻灭” 181
甩了总统的女人 185
在外加的世界里面找到自己的“因” 188

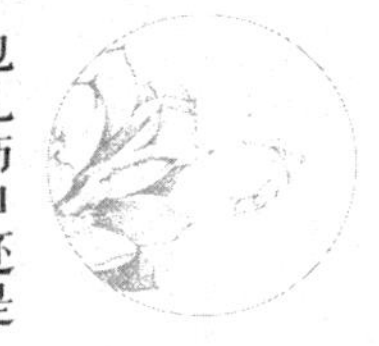

第四辑 打包的命运

打包的命运 195
把“假如”从生命的字典中剔除 198
粗心：被栽赃最多的词语 201
大痛苦和大快乐 204
得到想要的和享受得到的 207
接纳黑暗比追求美好更重要 210
人生与悬念剧 214
人生自助餐 217
商场是创作我们欲望的地方 220
特立独行的人 223
体谅虚荣 227
我们都是讲故事的人 230
我们就像一只把自己当成了猫的麻雀 233
吸毒是最坏的逃避痛苦的方式 236
幸福的情绪有它自己的理性 240
哲学是一种治疗 247
最该拯救的是自己 251
自己知道 254

第一辑

穷养还是富养

» 我们一不留神就会看出别人的毛病

古人早就有经典名言：“闲谈莫论人非。”什么东西被提倡了，那么什么东西就是最难以做到的了。比如，“理解万岁”这个词被叫嚷得人人皆知，比大明星还有名，为什么？就是因为人与人彼此的理解太难了。“闲谈莫论人非”也属此类。就是因为人类聚堆的时候太容易论人非了，所以才有能人把它总结出来。它之所以变成经典，就是因为什么水准智商的人都能从自己的生活实践中弄懂这句话。

语言的功能是分档次的。

最好的交流是碰到精神上棋逢对手的好友，于闲谈中彼此道出对生命的感悟。好的谈话是双方互相都能挖掘出高于自身生命储备的东西，让自身良好的储备再增加一些，让自己变得更好。我有一个女友，我们俩聊天，一个非常小的话题都能让彼此同时大笑。其实那内容本身不是多么逗人，能让我们彼此大笑的，是因为我们知道对方对于我们欲说的东西早已懂得，这种懂得让我们异常开心。我们就是谈论“绝望”、“死亡”、“抑郁”的东西也会开心。这样的朋友我一生当中没有几个，太罕见了。我一直不认为我们是碰到的，她在我生命中降临属于上帝的恩赐。

大量的与人闲谈是这样的：因为得不到心灵的畅通，我们得找到彼此的沟通点，而人与人可以沟通的东西是那样有限。要么就是举杯共说喝喝喝，把彼此弄得人仰马翻；要么胡扯海聊。胡扯海聊之中绝对躲避不开对于他人的议论，不然上哪里去找把话语进行下去的内容？

议论别人真的是我们的开心事儿。说一个人的好话不是件容易的事情，我们平时不那么善于去发现别人的好处，就是发现了别人的好处我们也故意不说，因为别人的好处太容易让我们显得平庸。发现别人的短处倒是我们每个人都有的过人才华，因为我们一不留神就会看出别人的毛病，简直是无师自通。一堆人闲谈的时候，聪明人可以把别人的毛病谈得特别艺术，艺术得像是博士屠夫庖丁，对于别人身上的缺点进行“庖丁解牛”。有一次，一群大师级的学者作家来我们的城市做客，这可是众人堆里显赫得要命的人物呢，个个身上的符号耀眼得闪人。我像个小学生一样待在他们中间，小心翼翼地听他们讲话，企图从私下里学习到他们精神里面的好东西。我发现已经这么厉害了的人也在议论别人的毛病呀。这真是让我吃惊不已。呵呵，大师也是人嘛。

更多平常的人议论起别人的毛病来也绝不手软，无非是平庸的人果真对得起自己的平庸，连比带画的，把自己平庸的水准发挥得异乎寻常。

听到别人有毛病是一件非常提神的事情。于是，那些已经没什么精气神的旁听者立刻精神抖擞起来，头脑异常活络地跟着应和，尽量让自己的分析显得有科学性和独创性。

其实被议论的人对于议论者是不重要的，重要的是议论者需要把语言的垃圾倒出来。

我吃惊地发现，世界上活得最有动静的人是被人议论得最多的人。我从来没有发现一个显赫的人物没有被人议论过。当年刘心武写过一篇文章叫《被人所厌》，说的就是他一点都不怕自己被人讨厌，反正一个人怎么活都得被人讨厌，谁爱讨厌就讨厌吧。我还吃惊地发现，假如一个人不被人议论了，这简直就是被宣判了此人做人彻底的失败，失败得连个动静都留不下来去惊动别人，失败得让别人视而不见。你没有见到现在的明星，其中有多少人最怕的不是别人怎么骂他或者她，凭空给他或者她编造离谱的绯闻才有意思呢。最怕的就是自己不再被人说起，那不等于毁了自己的大好前程？

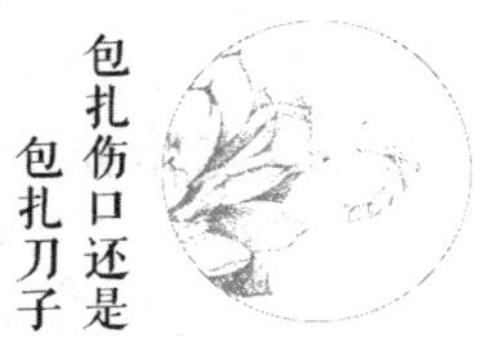

» 别人的眼光

我年轻的时候太在意别人的眼光了。在很大的意义上，别人的眼光决定了我活着的方式。老师愿意我做个好学生，我就试图做个好学生，我把手背在后面，就是累坏了我也要背到底。还有，爸爸妈妈愿意我在班里考第一，我就总想考第一，有一次考试时错了一道题，我难过得连晚饭都不吃，恨不得夜深人静钻进老师办公室里把卷子上的错题改过来，生怕让爸爸妈妈失望。上班了也怕别人的眼光，总想做个让别人说好的先进工作者。有一次单位组织上大课，我去晚了，老师开讲了，我就不好意思往里进，不仅怕别人说我迟到不好，还怕我走进去的姿态不好看让别人耻笑。我费了好大的劲儿才走进教室里去，那个不舒服啊，比丢了一千块钱还难受。

长到足够大的时候我就对这事儿开始反思了，原因是在别人的眼光下活着一点儿都不好受。而且，命是我自己的，时光那么快，眨几下眼一生就没了，我干吗要在别人的眼中活得颠三倒四？最重要的是我要按照自己的意志去活，人生苦短，这是唯一让自己活得有意思的方式。我终于最大限度地不去活在别人的眼光之中了。而且，好几次我在众人面前显摆地说，我才不管别人的眼光呢。说这话的时候我很有幸福感，我多“独特”啊，觉得理像钢丝那么直，气像女柔道运动员那么壮。

一天，我看杰克·福克森的自传，这本书副标题上印着的是这样一句话：“20岁时，我担心别人怎么看我；40岁时，我不在乎别人怎么看我；60岁时，我发现他们根本不看我。”坦率地讲，这句话惊了我一下子。原来，我好心好意地培植自己的力气，用来不去看别人的眼光而活着，可是，“别人的眼光”原本是一个不存在之物啊。连“别人的眼光”这么一个物件都是我虚拟出来的，我像堂吉诃德似的与这个“风车”作战了几十年。多好玩啊。记得当年看电影《哈里·波特7》，里面有一个细节：危机之中的电梯里有一个男人说，他担心妻子的未来。另一个人对他说——可是你没有妻子啊。当时影院里大家都笑了。我也笑了。我笑的内容比大家丰富得多了，我笑得意味深长。

一个朋友曾经和我说起过他的一件事情。有一天，他上班时把衬衣穿反了。晚上回家，他老婆看到了，抱怨说，这一天他该让多少人笑话。他回想了好一阵子，那一天他遇到了不少人，其实没有人告诉他把衣服穿反了。他知道了，在别人眼里他其实一点儿都不重要，根本没有人多看他一眼，没人看出他把衣服穿反了。还有一个女友对我说，她为她脸上的雀斑烦透了，她得用激光让它们消失。我疑惑，她的脸上哪有什么雀斑——我和她待了那么久，真的没发现她脸上有雀斑。她不服，用手指在脸上点出

了好几个地方，说你瞧，它们在这里呢。我惊呆了，敢情她不用镜子随便一指就能纤毫未差地指出脸上雀斑的位置。

别人的眼光是不存在的。这句话的另外一个意思就是：我在别人眼中是不重要的，不仅是不重要的，而且是不存在的。当然，换一个角度，他人也是我眼中的“别人”，别人的人生确实和我的人生没有多大关系，除非是亲人和友人。

现在就更明白了，一个人，像风一样活，像风一样和谁都不存在瓜葛；现在就更明白了，一个人，想怎么活就怎么活，怎么开心怎么活，哪管这个世界上有五十亿个别人的眼光。呵呵，赶紧告诉自己那个最要命的事实：在这个世界上根本就没有别人的眼光，连一束都没有。

» 飙车已经结束

极有纪念意义的一件事，是我读了诗人苏历铭的一首诗。这首诗叫《立秋那天》。诗中写道：我已经很久没有端详过窗外的绿地/每天开车驶过，满脑子都是一天的应对/回来时夜色覆盖/我只会熄火幽灵般地上楼，然后睡觉/生活已经把我开除/对于疏于联系的朋友，我已死在记忆里/死亡并不可怕/但活在生活之外的行走让我不寒而栗/现在我把时间留给自己/回到人的状态里，重新体会呼吸/现在我有时间，不再是停车场片刻的休息/然后继续狂奔/我已从高速公路的出口出来/飙车已经结束/在今后的时间里不再关心速度/我要把现在一直延续下去/散淡成乡村的懒汉。我看到了一个最有意思的懒汉。

在生活中，我已经许久没有看到一个有意思的懒汉了，我看到的全是在高速公路上飙车般活着的人。那些没有汽车的人也在挖空心思地挣钱买车，然后奔向生活的高速公路。当然，我看到过生活中的懒汉，几乎是一些没有办法不做懒汉的人。他们几乎被生活开除在外，没有想参与进去的资本。这样的懒汉最擅长对着别人唉声叹气、羡慕嫉妒恨，一点儿懒汉的高贵和气质都没有。

飞奔在高速公路上的人是没有机会看路边风景的。生活和生活的目的本身都成了提速。提速是为了什么？是为了再飞奔。生活的汽车也是需要加油的，高速路边当然有让汽车停下来加油的路口。生活的高速汽车于是也有放缓行进的机会，以便让自己加油和喘息一会儿。我听到不少的人在喘息的时候抱怨高速生活的无趣，再嘲笑那些还在高速路上飞奔的人们。什么叫以五十步笑百步，这就是了。然后他们又驶入高速路上开始了飞奔。

什么样的日子才是人过的日子？就是每一天把身边所有的风景用心地看尽，把每一分钟用心地度过。让日子里的风景穿越生命本身，让生命产生感知和悸动。显然，高速公路上是没有这样的日子可过的。高速公路上的日子连走马观花都算不上。也许，有人说，生命还没有老旧的时候穿越高速公路，是为了以后好好地过看尽风景的日子。可是，难道没有老掉的生命就可以粗暴地对待吗？谁能保证我们能活着抵达那老旧的一天？每一个假冒伪劣的日子，都是我们献给自己生命的一个地狱。

我的一个女友，能挣很多的钱。当然，肩上的压力也大得很。她早就想停下来不干了，她挣的钱早就够三辈子花的了。现在不是钱的问题。问题是她停下来，每个月就要少挣那几十万元，能舍得吗？是的，这个数额的金钱对于我们平凡人来说，诱惑是足够大的。我们真的高估不了接受足够大的诱惑的能力。少进的这个数额所产生的不快乐，太容易大于休闲下来的轻松所产生的快乐。还有，富人们大抵比我们更知道做一个富人的滋味有多么受用。那么，就继续去生命的高速公路上飞奔吧。我想做懒汉的想法想了若干年。这个懒汉我至今也没有做成。我生命的汽车在高速公路的边缘上，这种高速的惯性足够让我停息不下来。我一直是自己的悖论。我是自己的异己者。是的，高速公路上有的是出口，我现在储备的应该是把汽车开出去而永远不再上来的能力。然后虚度人生，每天睡到自然醒。早一点儿做一个生活的懒汉是我的最高理想，然后把看四季轮回做职业，把诗歌当主食。

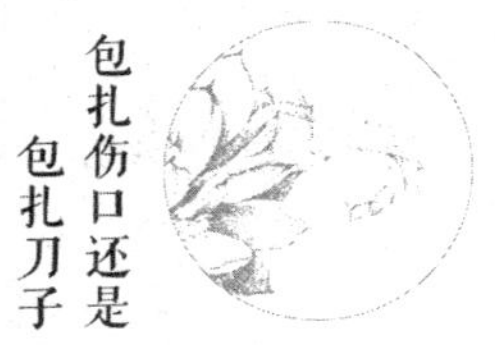

» 假如生活欺骗了我

有一天，我听见朋友家一上小学的娃娃在背诵：假如生活欺骗了我/不要悲伤，不要心急/忧郁的日子里需要镇静/相信吧，快乐的日子将会来临……我知道，这小娃娃开始学习普希金了。普希金的这首诗《假如生活欺骗了我》多么亲切呵，我也是在像这个小娃娃这么大的时候就会背它的。若干年前，我和我的同学们一遇到麻烦事儿，就要背诵这首诗歌。

很长一段时间，我感到生活真是个骗人的东西。凡是不合我意的人与事发生了，让我心情不好了，就是生活欺骗了我。老师对这首诗歌的讲解也让我产生了错觉，认为我在生活中过得不得劲儿了，就是生活欺骗了我。我自动地把那个小小的自我意识当成是生活之圆圈的中心，把我的认知确定为对的标准。这使得普希金的这首诗歌像个创可贴一样实用，我受伤了，就拿它过来贴上一贴。当然，那种被生活“骗”得轻一些的事情，心灵划拉上一块小破皮，还是可以用吟诵“假如生活欺骗了我”去解决的。可有时自己觉得被生活“骗”得狠了，就是吟诵上一百遍“假如生活欺骗了我”也没有用，那流血的大窟窿用这种精神的创可贴太随便了。

当然，迟早有一天，我会明白，其实最不欺骗人的就是生活了。生活的一系列常识对谁都是一样的，对一岁的小娃娃和八十岁的老太太全都一样，对总统和乞丐都一样。我在炉子上煮着大米稀饭，水开了，火大了，沸点到了一定程度，再加热，液体一定会扑出来。一个人若是不小心，从二层楼上掉下来，摔断条腿几乎是一定的，你挣多少钱和你摔断腿这件事情没有关系。类似这种事情太多了，这种事情也不就是过去我所容易认为的是“生活欺骗了我”。倒是我对常识的认知不清欺骗了我自己。比如，世态炎凉这件事，它原本就是个常态，自古以来就是如此，没有谁总能得到生活和别人“热乎乎”的回报，倒是能得到别人热诚的温暖是一种需要回报的恩典。如果我没弄清楚这件事，觉得别人对我一个白眼和袖手的冷峻就是世态炎凉了，就是生活欺骗我了。这才不对呢。过去一个学习不如我的同学如今比我钱挣得多，官当得大，这也不是什么了不起的事情，若是我把这事儿看成是生活有问题了，觉得是生活欺骗我了，那么我就活该要被生活欺骗到底。

生活从来都以每分钟六十秒的速度稳步前行，就是世界上最重大的事情发生了，我们想恳求生活为此多出一秒钟来作为奖赏，生活也不肯答应。

是的，生活从来没有欺骗过我们，我们想升官想发财——想踏上这列豪华列车的人很多很多，而这列豪华列车上实际的位子数量又太有限，走在这些路上的人肯定会遇到使用明箭子、暗锤子的事情发生，而且是频频发生。假如你没有过人的本领和智慧，让自己伤痕累累可真是小菜一碟。这不是什么生活欺骗了你，而是你不认识你是谁，是你不知晓江湖的风险。假如你被恋人甩了，不是对方不看好你了，就是你被比你更合适的人选顶替了。这也不是生活欺骗了你，而是别人不爱你了。我们连死亡都是必定的，是毫无悬念的，是我们自身肉体的必然逻辑，何必再在谁来欺骗我们这件事情上纠缠呢?

欺骗我们的永远不是生活，倒是人与人之间存在欺骗。欺骗我们的，是人与人规则设定的混乱与不公，是人的浅显与粗鄙的精神混乱。是它们导致我们不适。这种不适，其实是公正的生活对我们的惩罚。什么时候人与人之间的规则是混乱的，生活一定会以公正的东西处置我们。我们远离公理的生活有多远，我们远离安稳的生活就有多远。

什么人容易被欺骗？是一些没长大的人，看不清是非的人，对外在东西有所企图的人，有求于别人的人。当然，就是提高警惕瞪大眼睛，被别人欺骗的事情也是有的。人活一辈子，谁没有尝到过这个滋味呢？你不是什么神仙，你不是天生就有一双慧眼，活着这件事原本就是需要付出一些成本的，你有多欠缺，就得付多大的成本，就是这么回事儿呢。

欺骗我们的更是我们自己。什么时候我们把生活的中心设置成为自己，什么时候我们认为自己的想法比真理还准确，并且别人必须也这么认为，什么时候我们忘了从对方的角度来待事物，什么时候我们认为自己可以永远不吃亏可以永远不死……那么，生活一定会以我们意想不到的方式“欺骗”我们。

我早就不再假如生活欺骗我了。生活是让我来臣服的。我知道，只要我愿意，就没有人可以欺骗得了我。

» 先救火还是先追杀

假如你的家里被纵火者放了一把火，你是先去救火呢，还是先去追杀那个纵火的人？如果这是一道现实的考题，所有的人一定会选择先去救火，救完了火，然后再处理那个纵火者，把他缉拿归案，或者用恰当的方式教训他。但是，如果这样性质的问题出现在我们的心里，我们的行动或许就会弄反了。假如有人在我们的心头放了一把怒火，我们该怎么办？大部分人都是先去追杀那个放火的人，那个人跑了我们也不放过，追到他祖宗八辈那里也要把他放火的动因弄清楚，全然不顾那把烧旺的大火把我们的生命焚烧得疼痛。

别人的眼光和别人的话语就是我们心头的纵火者，假如我们愿意相信，那么这个世界上的纵火者会不少，我们的领导、同事、竞争对手、配偶、邻居、情敌、陌路人……都可能是我们心头的纵火者。

我的一个朋友曾经对我说起过一件事。他在白天与一位同事因工作上的事情生了争执，那个同事骂了他，他当时反应不过来，没有回应。他回了家，越想越窝囊，想起了一大堆回攻同事的话语。那一晚上，他不睡觉，就是回放着白天的慢镜头，想着当时该这么骂他就对了，然后再想，想出比上一句更有劲的话语回骂他。那一晚上他竟然没有睡觉。第二天他接着想，上班的时候见到那同事，忍住怒火没有上去把头一天想好的词语骂出去。一连几天，他心头的火一直在烧着。这种感觉让他难受极了。他问我，他这是怎么了，他到底哪里出了问题，自己怎么像个螺丝钉往木头里钻似的非得往这个问题上抠。

这样的现象我们其实一点儿都不陌生，没有谁缺少诸如此类的经验。假如我们在心里痛骂别人一大阵子，自己舒服了也好，可是，明摆着，这么去行动简直太难受了，难受是轻的，甚至会崩溃或者抑郁。想想看，我们心里面的大火在烧着，我们却不管它，任它伴随着氧气产生着化合作用。我们的心灵是大火怒燃的战场，而我们不管自己身体里面的战事，却跑到外面去追杀放火的人，人家都跑得没影了，我们也不泄气。

这就是我们处理负性情绪的模式。我们总会说活得痛苦，没有意思，人与人之间纠结太多，很大程度上就是因为我们用如此模式处理我们自己的负性情绪。心理学告诉我们，我们顺从遭遇着的事件不假思索而引发出来的感情，一般都是由初级神经系统引发出来的，属于生命低级而本能的一种反应，属于一被招惹就会条件反射似的生发出来的情绪反应。养生、养德要求我们要忌诸情，让我们遇事不怒、不喜、不悲、不恨，那是一种对于我们自己初级神经系统的高级超越，需要极见功力的修持。修持是艰难的，人也不是想修持就能修持成的，许多人一辈子也修持不了自己，到死都活在情绪的初级神经系统的掌控之中。所以，我们看到大量情绪激越的人在日常生活里火里火气，大喜、大悲、大怒、大恨，把自己和他人的生活搅得人仰马翻，使活着不能成为一件平静和幸福的事情。

我们的初级神经系统就是一条小狗，我们要教会这条小狗懂事，学点文化，懂一点儿可以和我们沟通的人语，就要驯化这条小狗。我们要按照一定方式让小狗与我们产生有效的交流。这需要对它进行大量的训练。我们的思维也要经过这样的训练，直到形成自己的模式。例如，我们的怒火一旦被别人激发，我们先不急着去追逐我们认为的那个纵火犯，不去找他对峙甚至怒骂。我们先观察自己的生命里面发生了什么，是什么样的东西引发出来了这心头的火焰。我们现在的头脑正在进行着什么样的化学反应……这么一想，就等于你给这将起的火焰阻隔了燃烧它所需要的氧气。如果我们再考究一下自己，就会发现，原本我们的生命里面有一个易燃品或者易爆物，它只是在等待着外在的火苗一接触就能爆炸。假如这个易燃品或者易爆物一直在我们的生命里面，那么，燃烧或者爆炸自己，就一定会是它们的命运，也就是说，它总会不失时机地引爆自己，它总会经不起外在的火苗的挑逗。

» 怜悯自己是天下最容易的事情

在我们的脑袋里，最容易出现的就是“我自己”这个影像。我经历了什么，我爱了什么，我被伤害了什么，我想要什么，我恨了什么……只要我们的脑袋一秒钟不停地转悠，我们就会一秒钟不停地想“我”这个东西。我们的受伤，绝大多数都是想“我”这件事情之后造成的。因为我们的头脑最擅长想的就是我们的伤心事，我们想要而未达的事情。

一天，我听到了一位90岁老人说的话：“不要那么认真地看待自己，没有人会这样看待你。”这话让我震动，仿佛我等它已经很久了。

女诗人寒烟曾经写道：“只要对自己怜悯一分钟，生活就再也无法继续下去。”

我们每个人都曾经怜悯自己。我们每个人一定都体会过，一产生对自己的怜悯，活着立刻变成一件困难的事情。所有跳楼的想法，都是怜惜自己的情绪产物。但是，这个世界上没有人会那样地看待我们，看待我们虚拟的喜悦与虚拟的受伤。我们为自己的伤情编织的故事，世界上没有任何一个另外的心理版本。这多么荒诞。我们怜悯自己的程度有多么认真，这荒诞的程度就会是多么真实。全世界独此一份的东西，它怎么会是真的呢？它从我们自己的心里衍生出来，里面种植的全是那个叫“自我”的感情和情绪，可是，全世界仅此一份。它除了是真实的虚无，还能是什么呢？

叔本华早就说过，世界是我们的表象。但是，世界进入我们的情绪之中，却仿佛是千真万确的影像，它们真实得可以触摸。在这个世界上我们最应该质疑的不是别的，而是自己的情绪。因为我们特别相信自己的情绪——这个情绪让我真的产生愤怒，我的心在狂跳，我的血压升高就是这愤怒的证据，怎么说它是假的呢？其实，面对同一个问题，我们完全可以做得到不让心狂跳，不让血压急剧升高。我们的情绪只是一些妄念。让我们高兴的情绪是妄念，让我们不高兴的情绪也是妄念。让我们高兴的那种妄念对我们有利，我们就去努力培育这种妄念罢了。想想看，我们看待同一个问题，心情好的时候是一个样，心情不好不坏的时候是一个样，心情不好的时候是一个样，一个从没有什么变动的客观摆在那里的东西，怎么会因我们的心情而变成不同的东西呢？不是事实发生了变动，不断变动着的是我们的情绪。

怜悯自己又是天底下最容易的事情。无非是我们特别容易滑入的心理程序，它一点也没有什么过人之处。在生活中，一旦怜悯自己的情绪被开启，现在我就会想，这只是我自己的想法，没有人会这样看待我。挣脱自己的坏情绪也许就是从嘲笑这种荒诞开始的。我现在还有一个方法看待我的负性情绪，那就是假如一个想法让我不好受，让我痛苦，不管它显得多么有道理，它一定是个坏情绪。我一定设法在最短的时间内像删除一个废字一样删除它。假如短时间内删除不了它，我就试着认同它，允许它像个顽皮的孩子一样待在我的体内。通常，它一旦得到我的认同，不再用抵抗、喂养它能量，那个顽皮孩子一样的坏情绪也就果真玩累了，自己便撤销了它狂躁的破坏力。

» 穷养还是富养

不知从什么时候起，开始有了一个观念，说是儿子要穷养，女儿要富养。有人还给出心理学依据，说按照进化论，男儿天生就崇尚暴力，因为古代环境恶劣，有力量、有胆识的男人才能够在恶劣的地理环境中觅得食物，并把食物送给女人和后代，使血脉继承下来。所以，男人在这个社会上必须有进取心，要成就大事业。穷养可以更壮硕地培育男人的这种开拓心思。而女人天生是具备依赖性格的物种，女人天生爱美，羡慕嫉妒恨，样样不学就会，看见别人家有好吃的、好用的，就会蠢蠢欲动，尤其是未开化的女孩儿，很容易被物质所诱惑。穷养的女孩子，更容易犯这样的错误。所以，女儿要富养，让她在家里丰衣足食，变得聪慧贤淑，大方得体，变坏的概率会小很多。

我一直对这个问题很晕乎。我一直觉得，每个人在年轻的时候都会犯糊涂，无论男人还是女人。我们的脑子里面会被习俗灌进去大量糨糊似的东西，在课堂上和家长嘴里学到的东西，多半是外在的，真正内在的智慧只有在生命的损失中才能习得。容易习来的东西都是知识，而让我们长见识的智慧，是非得从我们的自身痛苦里面确凿地长出来的。在这一点上，穷养与富养都关系不大。我倒是觉得，基本的物质需求能满足，穷养与富养无非是一种生活的豢养，各有各的好，也各有各的不足。

每个人出生的时候，其内在的精神强度，很大程度上都已经内化在他的基因里面。他的智商与情商，他长到一定程度之后的自我实现的要求强度，都大抵写在自己的基因谱系之中。当然，外在的环境也是另一个重要的因素，这要求大人不给他提供坏的因素就成。儿童身边的那两个大人，有着杰出的、良善的人格和品性，这比穷养富养之类的东西重要得多。我的身边，就有不少做妈妈的女人，多次和我谈起过要富养她的女儿，给她买名牌，给她过剩的物质堆积，而这个做妈妈的女人，根本没有读书的能力，好不容易读了一本伪励志杂志，就把自己夸耀成读书人，这样的女人，她在日常的处事当中，对于这个混乱世界上稍微内在的真相都从未懂得，她凭什么能给女儿带去一点精神上有营养的东西？这种被富养的女儿，那部分物质的东西，多么容易被引向庸俗的物欲坠落的斜坡！

读女作家叶倾城关于这个话题的文章，很有意思。有一天，她的一个刚刚升级为母亲的女友向她展示一墙的霓裳艳影，全是梦幻的公主鞋、公主裙，并解释说要把簇新的女儿富养起来，以便将来不让一个穷小子用棒棒糖就把她给骗了。叶倾城感到很搞笑，又实在不忍扫女友的兴，终于温和地说，你不怕穷小子两句甜言蜜语就把她给骗了，她还自带嫁妆吗？

是的，在情爱那个领域，谁能用物质富养出来一个百毒不侵的女人？无论是富养还是穷养，在情爱那个领域，女人更爱吃的是甜言蜜语，而且百吃不厌，当主食。假如女人有幸恰巧遇见一位能够既供给她甜言蜜语又专情的男人，那真是女人的福分。只是，这样的女人太少了，既得有足够的资质，还得有运气。女人就是长大到半老徐娘了，甜言蜜语仍是她们的喜食，只是，这个时候的女人，懂得了甜言蜜语像物质中的甜食一样，好吃，但没有营养，真正有营养的是男人生命中的善良和责任。是的，一定得是半老徐娘，中间有一段残酷的精神成长的经历，女人才能够明白男人甜言蜜语的迷魂汤是什么成分，怎样玩味地去喝，需要喝到什么程度。而且，能够辨识出这些东西的女人，还得是一个智慧的女人。一些从来都缺爱的女人，给点迷魂汤就会迷糊。

无论男孩和女孩，支撑必要生活物质的贫乏都是灾难。温饱过后，小康即富。剩下的生命中最重要的知识，与物质的厚薄几乎没有关系。若有关系，也无非是此消彼长的小小关系。重要的是对于沉没在深水之下的那百分之八十的人性冰山的解读和懂得，重要的是对自己无知的通透，是学会心疼，学会宽恕和怜悯。叶倾城在文中质疑：王宝钏不曾被富养吗？她的族人，甚至为她的婚配，搭起一座花楼，供她任性地掷花球。那时，她知道何者是贫苦吗？饥饿、穷痛、被侮辱、被损害的滋味，她要在漫长的时光里一一经历。还有，含金匙而生，有非常危险的一面：宝玉一翻脸，就把通灵宝玉往地上摔，他不知道它的珍贵，与生俱来，于是全不稀罕，外人眼中的价值连城，对他而言跟拨浪鼓没区别。

香港的一名节目主持人给青春期的儿子写了一封信，在信中他告诉儿子，“对你不好的人，你不要太介意，在你一生中，没有人有义务对你好，除了我和你妈妈”；还有，“没有人是不可代替，没有东西是必须有，看透这一点，将来你身边的人不再要你，或许失却了世间最爱的一切时，也应该明白，这并不是什么大不了的事”；“你怎么待人，并不代表人家就会怎么对你，如果看不透这一点，你只会徒添不必要的烦恼”……我觉得，让孩子们知道什么是生命中的真相，比什么富养穷养都重要。

对我来说，无论是男孩还是女孩，真正的富养只有一个，就是用对的方法，用对的言传身教，启发孩子，让他们在漫长的红尘中，学会让自己成为一个愉快的自己，安稳的自己，有自爱与爱他能力的自己，有力量应对变幻无常的事态的自己，有力量在精神的自我实现中升拔自己、认识自己。

与物质有关的，都不是富养，甚至是另一种穷养。

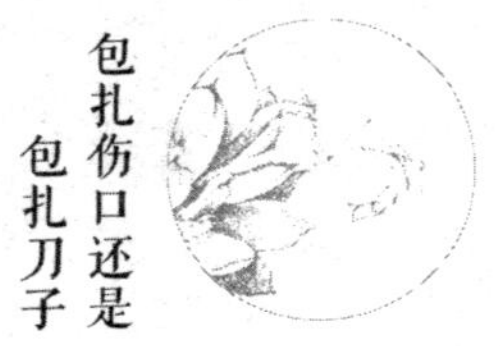

» 原来，这么浅

看李碧华的一篇寓言式的小文，真是觉得受益。好的寓言果真会像凿刻一样凿进我如今其实一直在丧失的记忆里面。

一头小水羚浸在水中，悠然自得。岸边，一头母狮在窥伺。母狮没有贸然行动，它不知水的深浅。不久，小水羚满足地站起来，水几乎没过腰。此举让岸边的敌人洞悉：哦，原来这么浅。于是，母狮入水，小水羚的身体成为母狮的口舌之物。母狮叼着她的战利品去一个浮岛上进餐，隔水的另一岸边，群狮偷窥着有货的母狮，因为不知水的深浅，不敢贸然涉水而入。猎物不小心掉进水里，母狮下水叼起，一站起来，群狮洞悉：原来这么浅。于是，众狮入水抢夺母狮已获得的战利品而食之。

李碧华总结说：人人都不想倒下去，只希望站起来。

是的，一个张扬跋扈的姿态，一句浅薄的话语，便让所有的旁观者知道了你的底牌——哦，原来那么浅。

这样的情景在生活中比比皆是。一个群体，在任何一种环境，旅游之途、酒场上、会议中，个人大抵都会把自己的底牌亮出来。群体需要众人把文明礼貌的面具戴在脸上，语言和细节却能暴露太多。人人都想表达自己的文明程度，人人都想设计自己的性别魅力款式，顺便就把自己的底牌掀开。生命的灵性是一泓看不见深浅的河，话语和细节上的处理就是称出这河流之体量及深浅的仪器，它使得个体生命在水中站立，被人一目了然。在一堆人中，那些真正的智者和蠢笨之人最能把自己的精神之水位暴露出来，像生命站立在水中。真正的智者能深入浅出、举重若轻地把精准的生命认知娓娓道来，时时让聆听者得到比书本知识更精湛的学习，我们就能感到生命的大水漫过其头顶，智慧滔滔，静水深流。而群体之中那些得着话语权就不算完的人，一本正经地说着浅得可以流淌的胡言乱语，从来不知大众对其话语的真正反应，一门心思地独乐其中。可笑的是，他忘了，他站起来的样子，其精神生命之水连脚踝都没有没过，流水在浮短之处哗哗地浅叫着，像是捂肚效颦的东施。

有一天，我和几个朋友在一起聊天吃饭，大家对女友和我的一些发在报纸上的文章说出自己的见解。回来的路上，女友对我说，别人对我们的理解，理解到什么程度，我们全都能领会。是的，我们的见解就是我们在生命之河中站起来的自己，这是一个可以还原出来的物理性景观，就像小水羚待在水中被母狮瞧得见，也像母狮在水中被众狮瞧得见。

人群聚合在一起，就像一支乐队。是真名士自风流，那些真正的文人雅士在一起，把酒吟诗，笑傲生死，不管外在的物质生活环境有多么不堪，这又关内在的灵魂什么事儿！就像学者毛喻原的一本书的名字：《精神就是精神的事儿》。生命中的日神与酒神狂野派对，日神高蹈，酒神妖冶，精神的吉卜赛舞裙裾大摆幅多频率转动。就像一曲由卡拉扬指挥下的乐队在演奏交响乐，大提琴、小提琴、二胡、双弦管、击打鼓、竖琴、琵琶各出其声，你推我挡，你隐我鸣，在高潮处齐奏欢歌，生命沉浸于诗意之中，真是让人品咂出活着的美好。也像一支足球队，有灵脚的智性传递，有配合精绝的接递球，有漂亮如艺术精品一般的进球……就像灵肉相合的男欢女爱，那呢喃就是天籁。人在其中，就像鱼在深水里面游，鱼翔水欢。

只可惜，以我绝不短暂的人生体验，这样有趣的欢聚经验真是太少了，偶尔的几次已成奢华。更多的是一场一场无趣的聚堆，众人借酒壮胆，瞎吹乱哄，酒精助长了喝酒者的潜意识，让其短浅之态更加彰显。小说家麦家也早就发现了这样的问题，他曾试着让自己融入集体之中，可是，他的这种尝试总是失败。麦家在那里面更容易收获的是彻底的孤独。可以想象一场无聊的聚会，基本上等于把滥竽的吹奏者抽取在一起，这些不会吹竽的人就是再努力地往好了吹，那奏鸣曲会变奏到什么程度去？噪音如此蛮横，而时间如此宝贵，它才是真正的金钱。又像众鱼在浅水里面游，浅得露出了鱼肚皮，这哪里是精神的游弋，简直是对飞翔着的翅膀的狙击。

众人之中，如果判定了不是一场语言的、精神的狂欢，我喜欢那些懂得沉默的人。让别人争着去站起来吧，让我用沉默把自己潜伏在自己的水中。一个哲学家也说，最难的不是学会说话，而是学会不说话。学会必要的沉默是一种修持。把本能需要表白的机会多让给别人，让别人所需要的宣泄得到满足，就是一种对人性的懂得，是人类的高级神经系统里面的活动，是修持后的一种对他者的体谅。其实，不说话也是一种水中的站立，智慧的沉默者是一场深水静流中的站立。一个平常的凡人，没有多少语言的建树，那么，他的沉默，至少保存了他在语言的河流之中沉潜着的姿势，不至于像小水羚那样把自己之水的深浅暴露无遗。能做到这样，最起码也算是保护了自己，不让自己的底牌被自己掀开。

» 痛苦是我们生命中的垃圾

《恩宠与勇气》是一本值得反复阅读的书籍，作者是美国灵性心理学家肯·威尔伯。这看起来是一本爱情书，爱情其实只是其中的主题之一，灌溉爱情的其他部分是书中最重要的部分。

20世纪80年代的一天，长得好看而活跃的崔雅，在朋友的介绍下认识了威尔伯。他是有关神秘信仰及意识研究的卓越人物。他们俩初次邂逅，彼此都有了好像生生世世都在寻觅对方的感觉。他们迅速相爱，迅速决定结婚。就在结婚前夕，崔雅却发现自己得了乳腺癌。于是，一出浪漫的爱情喜剧，遂变成两人相互扶持的痛苦故事。这是一段艰难的岁月，崔雅患病五年后死去。这五年，重大的疾病成了让两人得以学习及超越的媒介。而一切痛苦折磨也因此使他俩走向彼岸的津渡。这是人生的大修行，他们在修行中放下自己。这样的大修行当然是一种大痛苦，却也让两个智慧之人抵达了人生的喜乐至境。崔雅是含笑赴死的，她说，痛苦不是惩罚，死亡不是失败，活着也不是一项奖赏。

这是我所知道的两个最般配、最智慧的男人和女人，这是我所知道的人间最绚丽、最凄美的爱情。这样的爱情竟然也必得去迎接生命最艰巨的苦炼。在苦难和必需的修行之中，威尔伯说："无论在个人或双方的联结上，我们两人先得崩溃，才能统合得更加坚实。这场考验虽然痛苦，但从一开始我们就感觉最终一切都会转化得更好，如果我们能幸存下来的话。因为那些在烈火中被燃尽的并不是我们对彼此的爱，而是存在我们心中的垃圾。"

这是一番让我震撼了许久的话。我把这番话当成我人生长久修行过程中重要的启示录。

活着就是不断遇到问题的过程。我们认为是问题让自己产生痛苦的。其实，让我们痛苦的，是因为我们的生命中有垃圾。痛苦通过击碎我们生命中的垃圾而让我们恢复平静。每一次当我感受到痛苦，我不再怨怼是谁让我产生了痛苦，是什么事让我不高兴，我都会想到威尔伯的这句话。我知道，是因为我心里面有垃圾，这些垃圾被别人或者外在的事物所触及，就是我痛苦的原因。

每痛苦一次，挺过来，我就知道，我又一次击碎了我体内的垃圾。我还知道，只要我的生命中有垃圾，痛苦就一定会千方百计地找到我。我要做的，就是每天读重要的书，做重要的修持。除了让痛苦检验我生命中的垃圾，还要自行排出它们。我知道，这是一项天底下最难做的事情，可是，我会像老愚公挖山那样，坚持排出垃圾不止，直到死亡的那一天。那一天，我也希望自己能像崔雅那样说，痛苦不是惩罚，死亡不是失败，活着也不是一项奖赏。

» 我们不懂得别人的人生是怎么回事

一个90岁的老人大概觉得自己不久于人世了，就陆续写下了一些自己一辈子的感受，有一些真是至理名言。其中一句是这样的："别拿自己的人生和他人做比较，你根本不清楚他们的人生是怎么一回事。"

我们天生就爱和别人的人生做比较。我们这么做是自己认为我们明白别人的人生是怎么回事儿。我们认为，这个人有才，那个人有钱，另一个人有貌。而人生是一个综合的事件，里面是比地球深处的物质运动还复杂的变动事件。事实上，我们根本不明白别人的人生是怎么回事儿。一个我们毫不懂得的东西，我们拿自己的事儿和它做比较，这不是一件可笑到荒唐的事情吗？

人，原本是一介生物，丰衣足食，生儿育女，原本就足矣。可是，人类早就不这样去生活了。一个邻居比我们富裕就让我们不好受。我的一个同学，反复和她的儿子骄傲地说，她的家族体系中的几个姑叔姨舅，她们家是首富。英国才子阿兰·德波顿在他的著作《身份的焦虑》里给我们指出，我们活在自己身份的焦虑里面，我们付出了自己的全部，几乎就是为了确立与众人比较中的某个可观的地位。是的，别人的人生给我们不断地提出自己身份的坐标，引导我们呕心沥血。搞笑的是，别人的人生这个前提，根本就是一个子虚乌有的我们不懂得的东西。

我们其实连自己的人生都不懂得。在这个世界上我们最应该质疑的不是别的，而是自己的情绪。因为我们特别相信自己的情绪——这个情绪让我真的产生愤怒，我的心在狂跳，我的血压升高就是这愤怒的证据，怎么说它是假的呢？其实，面对同一个问题，我们完全可以做得到不让心狂跳，不让血压急剧升高。我们的情绪只是一些妄念。让我们高兴的情绪是妄念，让我们不高兴的情绪是妄念。让我们高兴的那种妄念对我们有利，我们就去努力培育这种妄念罢了。想想看，我们看待同一个问题，心情好的时候是一个样，心情不好不坏的时候是一个样，心情不好的时候是一个样，一个从没有什么变动客观摆在那里的东西，怎么会因我们的心情而变成不同的东西呢？不是事实发生了变动，不断变动着的是我们的情绪。别人的人生看起来优于我们的部分让我们羡慕，羡慕导致了欲望的产生，欲望导致了情绪的发生。我们开始失衡，不舒服。心理学家是这样解释这个问题的：我们生命的能量应当管住自己生命的事情，可是我们一和别人相比较，就把自己生命的能量分流到人家的人生里面去了。我们的能量开始出现断流，生命开始不通畅，分裂开始了。分裂导致的必然是焦虑和痛苦。这种自我分裂的产生还是假定别人的人生优化于我们的前提下进行出来的。事情的真相是，我们根本不明白别人的人生是怎么回事儿。

与别人比较，羡慕别人的好处已经成为我们的集体潜意识。看到别人的好处，哪怕是我们自己虚拟出来的好处，我们的情绪在第一时间就会生发出羡慕和比较，这是正常的，也是根本不和我们商量的情绪。但是，我们应该聪明地在第一时间就看出我们自己的浅薄，知晓这种比较的无趣和无知，放这情绪过去，像放飞一缕烟。

上帝让我们降临到这个世界上，一定是因为我们有自己的过人之处。我们的过人之处就是我们和谁都不一样。我们是独一无二的自己，没有任何一个他者可以和我们自己相同。这是多么神奇的事情。我们的神奇之处之一，还在于同样也没有人懂得我们的人生，就像我们不懂得别人的人生。当别人的人生果真不再打搅我们，我们会觉得扔掉了一个很沉的包袱。人生的旅途需要轻装上阵，越轻越好。轻到简洁的程度，轻到没有。这才是我们需要去修持的境界。

» 我们现在过着的就是我们真实的人生

过去我被一些励志语言弄坏了，比如，困难是暂时的，阴霾的日子总会过去。还有，相信吧，无论眼前多么黑暗，前途是光明的。这样的励志话语让我认为，我过着的不顺当的日子是暂时的，是不正常的日子，它们会过去的，过去了，我的正常日子就会运转过来的。这总会使我等啊，等一个正常的、光明的日子像艳遇一样到来。

我一直假设有那么一个明天，它把我迎接进光明磊落的日子里面，这以外的日子都是赝品。

后来我发现事情不是这么回事儿，有问题的日子简直就是常态，从来就没有取消了所有问题的生活。今天这个问题消失了，新的问题又衍生了出来。没有比问题更加层出不穷的了。好不容易手头仿佛没有什么问题要解决了，心情刚要飞扬一下子，无聊好像又来了。无聊有的时候比困难更像是问题。叔本华也说过，人生就是一个摆钟，在无聊与痛苦之间来回摇摆。

我从来没有等到过没有问题的生活。后来我就明白了，原来我当下的生活，就是我实事求是的生活。这样的生活人手一份。我才知道，我过着的哪一天都不是赝品，都是真心实意的人生。我想我必须更正我的价值观。如果我还把有问题的时候当成是不对的时候，我就会抵抗它。抵抗会使我正在经受的苦难更加苦楚。抵抗从来没有使我在生活中受益。我生命中原本均衡使用的能量，因为我对于坏心情的抵抗，使得我的问题得到喂养而更加有劲儿。倒是我，失去了生命中正派的能量，活得疾病歪歪。我必须学着与始终存在的生命问题和平相处。我必须接纳我自已面临的一切。

活着，更大的问题其实还是，我们的生活问题会越来越多，问题的严重性越来越显著。

我们活着，其实是一个失去一切的过程。我们活得越老，失去得越多。我们要失去工作，失去活动能力，失去亲人，失去友谊，失去金钱，失去健康，我们老到最后，还要失去最后的身体。我们的结局就是一无所有。如果我们不接纳我们一天一天的失去，我们就会痛苦不堪。认识到这一点很重要，它让我们对于活着时候看起来仿佛突如其来的“失去”，得以建筑起来多一些承担它们的平常心。我们现在失去的，其实是迟早要失去的，无非是早一点失去罢了。

歌手姜昕曾经对作家棉棉说：“越来越觉得，生命里最充实的时刻，其实就是这样一些时刻——安静地读一本好书，听一张有益心灵的唱片，那时被焚烧的文字……”年轻的时候是不认同的，觉得生命里应该有的是更加宏大的愿念在等着我去实现自

我，觉得应该有一个现在没有体尝过的鲜艳的光明在等着。安静地读一本好书，听一张唱片，这简直太寻常了，寻常得随时可以实现。如此立刻就能实现的东西，怎么可能是最充实的时刻？这样做最坏的效果，就是原本生活中那样值得享受和回味的好情节，也被我们用仓促而粗暴的心情去对待。我们焦躁地总想企图用行动去打乱那份难得的宁静。

是的，现在是越来越认同姜昕的这句话了。现在我知道了，世界那么大，往哪里走，其实都是在走向我的内心。世界上的人很多，我与谁和平相处，都不如和自己和平相处来得重要。是的，人生最宏大的行动不是去向外部世界，而是与自己和解。生命最大的宽阔，是接纳自己的一切。现在懂得知足，懂得，读一本书，听一首歌，游走大好江山一次，听一次海的潮声，与知己的一次随心所欲的谈话……都是生命中的奢华。

» 被低估的享乐成本

城里有了一间房子，用挣下的闲钱再在乡间造一套房子，然后城里乡间地跑，想住哪里住哪里，想着就乐。现在有钱的人越来越多了。钱是用来使用的，是用来使人找乐的。一些城里有了房另外有了钱有了闲的人，正在忙乎着在乡下弄一个房。

京城一个女作家也把这件事忙乎成功了。她不坐班，周一至周五在城里写作，双休日就自个儿开车去了农村那个家，有时还吆五喝六地约上几个朋友一起去农村家里玩。一开始感觉好极了，一种换了活法的开心让她直乐。还有，就是把朋友召集起来去看她乡下的房这件事本身，也是一件很有喜感的事情。它足以证明，自己是多么有情调懂生活的一个人啊！自己是多么与众不同的一个人啊！这个想法本身已经构成自己人生的利润。

时间一长，那开心的感觉就打折了。她发现新生活也就是那么回事儿。朋友们去玩的热情也少了。当然了，她还是要两边跑的，不然弄出了的房子干什么用？为了待在那里的房子，也得跑。而汽车跑路用的汽油价格在不断地上涨，她为此付出了很多

的人民币。后来她就感到不得劲儿了。她是写字的，写字需要静养身心，需要蓄备材料。有时候她刚在农村那地儿静养好身心，蓄备好材料，就要返回城市了。回到城市，又要重新静养。再一次静养好心气，发现去农村的时间又到了。这种返往弄得她字写得很不理想。她是个爱美的女人，那些必需的衣服、化妆品什么的被弄在了两处，她想搭配一些好看的衣裙和鞋子，不是少了这件就是少了那双。还有书，也被分成两部分，放在两个家里。她想查资料什么的，一不留神那本需要的书也不在身边。现在她已经不再两边跑了，而是在城里的房子里面长久地住。至于农村的那个房子，就搁那儿任它落灰去吧。生活的踏实又回到了她身边。

古希腊哲学家伊壁鸠鲁说："享乐本身不是坏事，但是，为了某些享乐，我们会制造比享乐大几倍的麻烦。"生于公元前341年的伊壁鸠鲁就对享乐发出了如此深刻的断言。那个时候物质生活还没有接受科技的开发，哲学家眼中的享乐也应该比现代人的享乐花色及程度弱小得多。看来，享乐所带来的麻烦自古有之，享乐所必须附带的麻烦成本如影相随。如今的人享乐的机会比古人多多了，花样也翻了几番。我敢说，那些随之而来的麻烦成本也是呈几何纹增加的。

我们最容易陷入的一个误区就是，只去想着享乐带来的好处，极大地低估了享乐所必然带来的麻烦。

婚外情是一种享乐，可是地下情人们忘情的时候也忘了随之而来的一系列解决不了的麻烦事情。两个私底下的情人果真有感情了，那么家里面的那个人怎么办？离婚这么复杂的工程，要付出多大的心理磨损成本？如果和情人玩腻了，合不来了，而这个时候家里的那个人知道了，鸡飞蛋打的双重麻烦事就会找来了。

哲学家总是试图让我们过简洁的生活。也许，过简洁的生活才是减少麻烦的一种最合适的方式。

» 宇宙亿年与人生百年

前两天，女友也鸣发邮件给我，说她看一个纪录片子的感触。她看了美国人拍摄的系列电视纪录片，叫《宇宙千年》。这个六集的片子让她震撼。

她说，地球已经够大了，已经够我们思考一辈子了。这个片子让我看到了更大的地方，比地球大一万倍的地方，就是宇宙。讲宇宙的故事不能用“年”，也不能用“世纪”，而要用“亿年”，里面动辄几十亿年甚至一百亿年。你还会想到“人”吗？还会想到“自己”吗？甚至全部人类，都显得微不足道。最初的宇宙，最初的地球，都是穷尽我们的想象力也不能够达到的地方。那里，连元素也没有，更不用说生命了。后来，就发生了神奇的变化，但所用的时间，都是以亿年计算的。

这样的片子，最让她感到好笑的问题，就是我们怎么还在苦苦追寻人生的意义呢？“人”的产生，本身就是荒诞无比的一个神话，一个碰巧发生的故事，一个长而又长的失去了时间意义的时空中的生物变异。我们认为特别重要的生存问题、精神提升，在宇宙那里，和最微小的浮游生物是一样的本质。不管我们活着，还是死去，不管怎样活着，都一样。就像伍迪·艾伦的那部电影说的《怎样都行》，因为世界太荒谬了，人不过是荒谬中的一个小小的点。正着、歪着、躺着、死去，统统无所谓。哪里有那么一个上帝，也没有什么天堂。即使宇宙，也是可以随时消失的。哪里有真正的拯救啊，只不过活在世间，然后还清楚地知道，世间的上边是天空，天空的外边是宇宙，宇宙在发生变化，是你永远也不知道的变化，人类不过是变化中的道具，小小的道具。而你，哪里好意思再说到“自己”啊！

哪里好意思再说到“自己”啊！也鸣的这句话让我惊悚。如果“自己”都不好意思说，那么哪里还好意思再一本正经地谈论“自己的痛苦”！那一个时刻，我全身轻松，精神肉体哪里也不疼。

当晚，我打电话给也鸣。我们说着人在宇宙里的渺小与在现实中被自己伪装成的强大。我说，我真的怕这种因而获得的轻松感再失去，我怕我明早就回复到过去的那个自己之中，像个井底的蛙虫一样把头上的那片天当成宇宙。我怕这个红尘欲望纠结着的我再一次让自己混乱。我也知道，那种顿悟是片刻的，是我们在用“星云之眼”看待世界及个体生命的结果，这只眼睛其实不是我们生命里面真实的眼睛，而是被宏大叙事哲学化了的眼睛。平常的日子，我们打量世界的是那只红尘中蚁虫般的肉眼，它短视而务实，只有方寸之光，所以它的目及之处都是障碍和混乱，引导着我们的内心混乱。也鸣说，再陷入自我混乱的时候，就再

次打开这只“星云之眼”，让这只通透的眼睛打量浮游一样的自己和尘世。

毕淑敏曾说，这只“星云之眼”容易让人类进入绝望和虚无。我和也鸣却认为，正是这只“星云之眼”的经常开启，才让渺小的人类不至于活得过于荒诞，不至于让我们的生命因过于扭曲而不自知，才能轻装上阵，素颜修行。

» 自己出了问题

一百多年前，尼采对着芸芸众生说，你们这些人啊，只配生活在粪坑里面。面对胡乱活着的蚁虫一样的同类，尼采失望极了，觉得他们这样的生活是不值得过的。近百年前，也就是1928年至1929年期间，劳伦斯写出了他的不朽之作《查泰莱夫人的情人》。当时，他看见周围人类的虚伪、愚昧、腐化，狂呼起来："我们正在向着死灭的途上走去了。现代人太愚昧了，他们对于生命中最深的需要都忽略了。他们过着一种新野蛮时代的生活，机械的生活，他们不知道真正的人的生活是怎么回事儿。"小说的第一段话就是："我们所处的，根本是一个悲剧时代，可是我们却不想绝望地来顺受这个悲剧。悲惨的结局，已经出现了，我们是在废墟之中……"

20世纪初，郁达夫写出他对自己时代的悲凉："现代人只热衷于金钱，Money！Money！到处都是为了Money的争斗、倾轧，原是悲剧中之尤可悲者。但是将来呢？将来却也杳莫能测！空虚，空虚，空虚，人生万事，原不过是一个空虚！惟其是如

此，所有大家在拼命地寻欢作乐，满足官能。”

我小时候常听大人们说话，他们说的很多的一种，就是世态炎凉，人心不古，时代衰败了。我一路活着一路听下来，听到最多的，还是这个内容。是的，世态炎凉，世界末日因灾祸而要降临，从来没有停止被愤怒的人们诉说。若干年前，狄更斯就说过：“这是最坏的时代，也是最好的时代。”狄更斯的话语搁置在哪一个时代，从来没有过时。

前两天某报纸约我写一个同题稿子，即几个作家同写一个话题的稿子，写自己理想的年代。我发现我们这几个作家，没有一个愿意生活在自己所处时代的，有的说想生活在尼采所说的时代，有的说想生活在劳伦斯所说的时代，有的说想生活在郁达夫所说的时代。那些被尼采、劳伦斯、郁达夫所厌弃的时代，经这些作家们好心好意地删改和提炼，像从铁矿石当中提炼出金子来，然后，就把这金子当成那些时代真正的风景，普遍的风景，然后就自我描绘了一个理想的成活环境，在那里仿佛就可以万事如意。是的，每个人都愿意生活在别处，别处即是福祉的所在地。近处无风景。

我们的生活，是由人群组成的。人群必须在制度化的社会中得以存活，形成秩序。我们平时用语言表达的，爱人类，爱别人，爱这个爱那个……都爱得无力。其实，我们最容易做到的就是爱自己。在这个人群组成的社会上，爱自己是不要紧的，爱自己是天性，天性是需要服从的。可是，我们要有道德地利己。不同的时代有不同的制度要求，好的制度设置是最大限度地使人们有道德地利己的。人人好自为之，就是为外在的环境作出了贡献，就像街头的红绿灯，人人必须受到它的调配，有纪律地服从它的调度，才能形成秩序，才能在有节制的自由当中得到最大的自由，人人获得最大的利益。不健全的制度设置就像红绿灯的虚设，一些人暗中闯红灯，乱过马路，形成人际间的交通堵塞。这种不健全的交通管制，最坏的结果还不是仅仅造成外在交通的混乱，更重要的是造成了人心这个交通环境的混乱。因为不公允，人类的能量得不到正面的泄洪，一定会以负性的方式泄洪出去的，这种负性黑暗中的能量泄洪是最伤害心灵的暗器。

我也从来没有见识过哪一种制度能够像一个万能的罩子，使得人类的罪性天网恢恢，疏而不漏。我看到人类就是有能耐，把自己发展成癌细胞，破坏良性细胞的秩序。就是几个人形成的家庭，血缘关系在里面，肉体关系在里面，都是混乱的。假如再加上每个家庭里面七大姑八大舅九大小叔子十大妯娌……任何一个家庭里面隐秘的故事全都是成色十足的电视连续剧，爱恨情仇全都齐全。每个人的一生都是一部绝佳的长篇小说，假如能够有智慧写出这个生命的真实的话。形成这部小说的，绝不是对约定俗成的制度秩序尊重的叙事，而大抵是因为每个人心中的隐秘和复杂，是每个人的复性人格组成的深渊一般秘不示人的经历。

我们的内宇宙是一个比外宇宙更隐秘的世界。我们的内心里面，天生就豢养着一头暴烈的野兽。我们的一生在与这头野兽作斗争。我们一生的敌人，不是别人，不是外部世界，其实只是我们自己内心的这头野兽。我们过得不快活了，我们与人际冲突了，大抵都是因为我们没有理顺和这头野兽的关系，是被它搅得抽筋了。我们抽筋的时候是不承认自己有问题的，我们认为是别人的不对造成了我们的抽筋。当然，我们在恶劣的环境里，在拧巴的人堆中，更加容易让自己原本的疾病发作得严重，更容易频繁地抽筋。这也是个事实。

这些日子我在读有关心灵的一些书籍，这样的书籍在告诉我们这样的修持，即如果我们基本的需求得到满足，再感到不足，都是因为自己出了问题，都是因为自己还不够强大和笃定。这让我反思，因为我发现，几乎所有让我烦心的事情，不是因为我的物质匮乏，而是我的欲望在行动，是我的欲望像一个永远不饱的乞丐，他对这个世界的偷窥，让我的生命躁动不安。

是的，只要这个世界上有精美的艺术、精美的文字在那里等待着我去赏悦，只要那些没有体制、没有纠结浑身散发着智慧光芒的文字和诗歌等在那里，我就可以热恋一样去爱着它们，爱它们一辈子也不够用。我从来不相信世间还有其他的对自己的救赎，从来不指望一个凡俗的人间给我带来什么可喜的东西，除了爱情，除了和天上的星星一样永恒的智慧，除了来自纯粹灵魂的善良的感情，除了我自己，像一个殉道者一样，去厘清生命内在的道路和智慧。如果我再一次活得不好，我第一时间去质疑的最该是自己，是不是自己出了问题。

时代是有问题的，尤其是一个物欲惊人的时代。这是另一个话题，这也是我们时代的每一个人，尤其是时代的精英，必须去思索的问题。但是，我想，我必须在自己的身上战胜时代。我必须首先纠正自己内心那个纠结的自己，那头极难驯服的内心野兽，那样我才有可能活得安稳，活得静好。

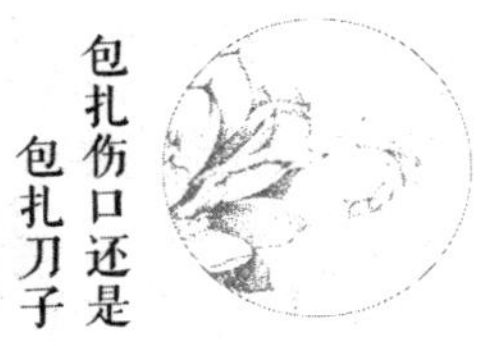

» 拥有就是被拥有

拥有就是被拥有。这是存在主义哲学的一句话。

一次，我和几个朋友去北京一个叫“十渡”的地方。晚饭的时候，我们点了不少菜，吃得也可口。因为我们花了钱，所以这没有让我们多么开心，我们觉得这是等值的交换。而让我们开心的是我们说服老板免费给了一个菜。那菜不算贵，可是因为是没花钱得到的，我们很开心。这个事实起先让我觉得好玩，后来我就总想它内在的逻辑，它作用于我们生命里面程序性的东西。我知道，我们多么倾向于得到更多的东西，那些额外得到的东西更加惹动我们开心。

我们的生命无可救药地倾向于拥有。这是进化传递给我们的能耐。欲望天然地存活于我们的基因之中，而基因是自私的，它无时无刻地在复制着自己的私欲。我们被指令为得到的时候就开心，失去的时候就不好受。而我们天然地喜欢开心，于是就去干“得到”这件事情。比起我们的祖先，我们早就富裕得不成体统，随便一个平常的现代人，拿着工资的普通人，我们的物质早已比过去的生活丰富。可我们依然感到贫穷，我们依然要获取。我们想获取的是比我们现在更多的东西，我们还想获得别人有而我们没有的东西，我们甚至还想获得别人没有而我们独有的东西。获取更多是我们的目的，这个目的本身就使我们开心。

我们喜欢庞大的自我。我们的自我是一系列的东西，我的地位，我的财富，我的房子，我的名声，我的儿女，我的婚姻，我的爱情，我的社会关系……属于自我的东西越多，我们越感到安全。生命的前半生，我们甚至觉得死亡是不存在于自我的一种东西，死亡是一个属于别人的概念。我们拼命地占有，用自己的努力和能力，可是我们没有跟着这些得到更多的快乐。这是因为自我是一种不能失去的东西。一件东西，一旦属于自我，丢失就是痛苦的，磨损也令我们变得痛苦；这可真是一件闹心的事情。我的财富是不能减损的，再多的财富减损了也会痛苦；我们的爱情也是不能破碎的，破碎了的情色让我们痛不欲生；我们的名声也是不能被污染的，污染的名声让我们难过。是的，我们拥有多少东西，同时也就会被那些东西所拥有。

拥有就是被拥有。这真是个哲学命题。

财富这么好的东西竟然也可以使拥有者痛苦，就是因为多余的财富同样拥有着它的拥有者。有些人因为有了多余的财富，便去炒股，而股市的变幻超出了人们的想象，这变幻甚至可以使当事者损失惨重。原本是些多余的财富，持有者一辈子不会用得上它们，可是，它的损失会让它的持有者痛苦万分。那些没有财富的人因为没有财力炒股，股市的沦陷伤害不了他们。在我的身

边，我就亲眼看见那些多余的财富作为主角，而产生出来的家庭成员之间的战争和伤害。我的一个女友，她中年再婚，和丈夫一起苦心经营了一个实业，有了不错的收成。可是，丈夫突然死去。她的痛苦还没有用眼泪表达完，当天晚上，丈夫过去的儿子就来向她讨要家产，还在她混乱的时候把家中有价值的东西拿走，其中包括写着她丈夫名字的银行卡，银行卡里有他们几乎所有的金钱。这个儿子从来没有关心过他的爸爸和她这个后妈，他根本就不缺钱，年薪几十万。我的女友，因为这多余的财富，现在正被浸润在这个无聊的官司之中。她占有着这些她这一生用不着的财富，这些用不着的财富同时也占有着她。她被这多余的财富衍生出来的人间丑态所占有，被人类德行在欲望面前所袒露出来的野蛮兽性所伤害。

池莉也说过，她的前半生是在捞东西，后半生是往外扔东西。这不是说池莉是一个道德感多么高拔的人，而是她明白了人生的内质，她懂得拥有就是被拥有。女作家章诒和说，除了写作，她没有别的兴趣和欲望。认识她的朋友都知道她为人慷慨大方，她说，这其实来自一个目的——一定要赶在死前把家里的东西都处理干净。

所有的哲学都在告诉我们，放下，就是对自己最大的解放。是的，放下，就是不使自己让外在的东西所拥有。我们的一生，需要的东西其实并不多。除了被需要的东西所拥有，那些多出来的，都是把我们束缚起来的东西。比如，物质以及外在的一切。

我只有一个小小的身躯，我用一间正常的房子承载这个肉身就够了。我只愿意和这个房子互相拥有。它为我挡风挡雨，我侍弄它让它清洁。我不喜欢多余的房子，因为我不愿意把多余的精力用在对它的侍弄上。一句话，我不希望被另外的房子占有。我一点也不羡慕住大别墅的人。我这么说不是矫情，而是不想被多余的物质所占有，占有我生命中原本不多的能量。剩余的时间，我只要写作和读书，游山玩水。我只要我的书房就够了。我的生存需要得不多，余下的日子，我再也不会花稍大的成本把生命能量用在挣钱和名声方面。如果它们顺便来临，我也不会拒绝。余下的时间，我愿意和今生今世的知己交往下去，我们的灵魂彼此需要，到死都需要。其他的事情我不关心，我不想被它们所占有。

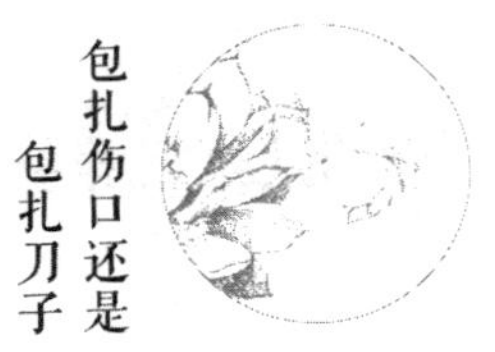

» 欲望是个敲门人

假如我们家的大门被敲响，我们会怎么做？这是一个几乎所有的人都具备统一答案的常识，那就是一定要弄清楚前来敲门的人是谁，他是来干什么的。现在居住在城市里面的我们几乎都是单元户，为了防盗，我们的大门之外还有一层安全门，越结实越好，更厉害的锁器也在不断被发明出来，有的锁就连开锁公司的人都打不开。弄上锁干什么？当然是为了防止我们不认识的不速之客，尤其防止盗贼的侵入。为了看清楚敲门的人是谁，我们还在门上安置了猫眼，透过这个小孔我们可以看清楚外面人的面孔，外面的人看不到我们。孩子们刚刚长到懂事的年龄，我们一定会告诉他，不要乱开门，要问清楚外面的人是谁，不认识的人一定不要开。小小的孩子因为判断力浅显，毫无防范之心，我们甚至还告诉他，就是认识的人也不要开。对于糊涂的老人，我们也会三番五次地告诉他不要随便开门。

欲望就是那个敲门的人。

我们的内心有着五花八门的欲望，健康的和不健康的，漂亮的和不漂亮的，有营养的和有毒的，让我们幸福的和伤害我们的，有朋友有豺狼，有糖也有毒药。但是，欲望来敲门的时候，我们非常容易变成那个还没有长大的孩子，兴高采烈地去开门。我们不容易看看对方是我们的朋友还是陌生人，尤其是在我们年轻的时候，我们统统把门打开。欲望当然是个化了妆的敲门人，妆化得花里胡哨，声音嗲嗲的，有给我们送钱的，给我们送美色的，送快感的，送糖的。欲望一来敲门，我们体内的荷尔蒙含量立刻增加了浓度，我们感到开心，我们快感变强。我们统统把自己的家门打开，把欲望当朋友迎进来。

我们知道，我们物理的家门只愿意为朋友和亲人打开。朋友和亲人让我们安全，让我们快乐。若是有收水费的和收煤气费的前来上门，我们一定要核实清楚了再开门，然后礼貌送客。如果把敲门人不分青红皂白地迎进来，我们一定会陷于危险的处境。我们的性命都是得不到保证的。欲望也是，如果我们不把欲望像请进家门来的人那样进行甄别，我们就会把豺狼请进来。歌里唱道：朋友来了有好酒，若是那豺狼来了，迎接它的有猎枪。这杆对付豺狼的猎枪，就是不用开门。是的，那些给你大钱让你消灾的，给你物质让你提拔的，给你好处让你忘掉原则的，极有可能是拳击手一样的抢劫犯去敲你家的门；你若是不在以后的隐规则中听从他们，他们极有可能掏出凶器伤害你。那些只惦记你的权力和金钱的美女，邀你上床，你也许被搞得晕头涨脑，在短时间内升腾入天，她可能是妖孽一样的女人，能够取消了你的前景和安稳。就算是最正常的那种我们识别的欲望来敲门，邀我们去吃酒取乐，我们也容易支付自己用于思考和独处的时间，浪费我们宝贵的清闲和精神调养机会。

哲学家莫罗阿在他的专著《人生五大问题》之“论幸福”一章里，还给我们道出了一种看似正常的欲望实则暗含着潜在危险的一些选择。他说，每一个人选择的人生方向里面，实则已经包含了他必将遇见的命运，这都是一些很有规律性的东西。比如，有的人选择了权力和财富。看起来这是一个正常的欲望，当事者假定自己可以凭借自己的能耐去争取这个欲望的达成。莫罗阿却告诉我们：过分重视财富的人最容易受到伤害，野心家亦如此，因了他自己也不明白的事故，因了一句传讹的话，使他遭强有力者的厌恶以致失败了，或被民众仇视甚至凌虐。他会叹息没有运气，命运与他作对。然而凡是追逐不靠自身而依赖外界方能获得幸福的人，命运总是和他作对的呵。这是神明的决定，是一个正定律。莫罗阿还告诉我们，野心与贪心使我们和别人冲突，但还有更坏的灾祸的成因，即和我们自己冲突。我们自己与自己的冲突，一点也不亚于与外在的那种冲突。大地内在的冲突是山崩地裂，我们内在的冲突超过一定程度，同样就是我们身体的土崩瓦解，就是病理性的精神分裂。

莫罗阿告诉我们的，无非是看起来正当的没有怪异的欲望来敲门，我们甚至都要警惕这个欲望可能导致的未来的厄运。如果我们弄不清楚这个欲望潜在运行的规律，我们同样可能成为被伤害者。

钱钟书是一个舍不得把自己的时间使用在无聊人与事之中的

智者，他几乎是个不把自家大门打开的人，他在自家大门前贴着，“谈话勿超过五分钟”之类的纸条，他是个连旁人看起来正当的欲念都戒除的人。他一个人就能自得其乐。他在他的书写与阅读中就能抵达天堂。钱钟书的邻居黄永玉特别尊重钱钟书的时间，以至于他去给钱钟书送必需品的时候，也只把东西放置在门外。只有这样的有拒绝能力的人，才能成就他内心的一番诗意，才能最卓越地实现自己的人生，顺便给这个世界留下文字的经典。

一个人的物理大门与欲望大门的拒绝能力是对应的。平庸的人注定有着较少的拒绝能力，他们把物理的大门频繁地打开来，去迎接一些平庸的、没有营养的人。高洁的灵魂一定是个把物理的大门关闭得紧密的人，他一个人就能在自己的心灵里面成就自己的象牙塔和智慧的通天塔。

当我们外面的大门被敲响，我们一定要通过心灵的猫眼，看看这个欲望是谁……

第二辑

包扎伤口还是包扎刀子

» 包扎伤口还是包扎刀子

陀思妥耶夫斯基对我来说太重要了。他是个确立了我的价值观的伟大作家。古今中外，这么多的人留下了文字，这么多的人以各种方式留下了自己的声音。可是，我漂着的灵魂唯独在这个人的文字中停靠了下来，欣然一如饥渴的流浪者找到了食物。即使我在他的文字之上的灵魂依旧漂泊，我也愿意以这样的方式去漂泊。陀思妥耶夫斯基曾经说：“对于人来说，除了发现了人能够顶礼膜拜的东西之外，没有什么连续不断、更为折磨人的恐惧了。”他用他六十年的生命去寻找他的这种顶礼膜拜的东西。他把一个个他笔下的人物变成他正在寻找的特使。他派出了那么多的人代他去找。他找了那么久以至于仿佛他找到了；但是，他笔下总有另外的人物提出另外的疑义。他又得找死一样地去找它们，直到他果真死去。仿佛是西绪弗斯堆着的那块大石头刚到山顶，又落了下来，西绪弗斯又得把这石头推上山顶。陀思妥耶夫斯基就是寻找自己的西绪弗斯。他一直推这块巨石到生命的最后一刻。

多年前我阅读完陀思妥耶夫斯基的小说《罪与罚》，我在诗歌中写道：世界上只有一种生/那就是死里逃生/要想在生命里面安然地活/一死再死是唯一的途径/一个人必须经过九十九次死/然后才有一次或许的生/我要见到的阳光/必定在经历深渊一样的阴影之后。我为什么那样在意这个伟大的作家？就是因为这种死与这种生，千真万确是我自己感知到的生命真实的死与真实的生。除此之外，我不知道还有另外一种生。我精神的光明必在阴影之后是如此不容置疑。

我感到陀思妥耶夫斯基笔下的人物，几乎都是他生命中的多个自己的被委派。他们互相纠结，他们互相悖论，他们互相质疑，他们长久地不能被说服。他曾说，无论在什么地方，无论在什么事情上，他毕生都是跨越限度的。而这种跨越限度正是他艺术上的伟大之处。

他同时又是灵魂逃离出来看着这些荒诞自己的那个人。他与他笔下的那些好色之徒，过度兴奋的人，猥亵之人与救世主、圣徒都是天生的兄弟姐妹。他们彼此是生活中的敌人和亲人。他们是矛又是盾。我感到他们战争的现场是陀思妥耶夫斯基的内心。他的内心早已让不同的自己打得千疮百孔，破损如同丝瓜瓤子。他的道德不遵照典范，也不奉行标准，而只求感情强烈。对于他来说，正确地生活就是坚强地生活和完整地生活。这两者同时是善和恶。他不考验自己，他只是增强自己。他是我所知道的最企图并坚持着增强自己的人。上帝和野兽在他的肉体里面毗邻而居。他笔下的人物，淫欲产生纯洁，罪行产生伟大，喜悦产生痛苦，而痛苦又产生喜欢。他通过欢欣鼓舞和极度兴奋增强了一切激情，一切罪过。他把自己摆放进去，然后他再把自己领出来。他的世界横跨在天堂与地狱之间，在上帝与魔鬼之间。他是那个在艺术之中最让我认出自己的人。我从来没有见过任何一个人，那样深地不救助自己，只是把自己深深地投入生活，甚至投入苦难和深渊。他跳入深渊的样子是那样地义无反顾。

陀思妥耶夫斯基笔下人物的互相诘问，其实全是他自己对自己的诘问，也是我们的诘问。对于这样的诘问，没有简单的答案。或者，这样的答案其实没有任何人可以给出，全能的上帝也无法给出。答案或许永不呈现。永远是一种什么样的远，这样的答案也许就是一种什么样的远。当然，诘问是重要的，诘问已经和答案一样重要。我所有的阅读其实就是诘问本身，也是寻找本身。我找到陀思妥耶夫斯基，是更确凿的诘问和寻找。

有人评价学者刘小枫说，当一个人被刀子划伤而流血不止时，许多人是把伤口包扎好；但也有人是把带血的刀子包起来——刘小枫属于后者。是的，关注“伤口”和关注“刀子”是完全不同的问题意识。刘小枫是个陀思妥耶夫斯基的悉心研读者，是陀思妥耶夫斯基的思想把刘小枫的思想浸润了，是陀思妥耶夫斯基包扎“刀子”的精神姿态感染了刘小枫。生活在陀思妥耶夫斯基的生命里刺扎了太多的伤口，比我们所知道的任何人的都多。陀思妥耶夫斯基身上的苦难忠实地跟随他到生命的最后一小时，奇怪的是他从来没有因此而说过一句反对考验的话。他从来没有抱怨过自己的疾病，像贝多芬抱怨他的耳聋。他甚至没有认真地求医治过病，他把疾病当作命运来爱，他是一个自己生命的研究者。他在研究自己苦难的时候顺便把自己当成了苦难的主人。如果苦难是一把刀子扎进他的身体，他感兴趣的是如何对待那把刀子。他一生研究的竟然就是那把不停地切开他的皮肉让伤口如玫瑰洞开的刀子。最后他采取了把刀子包扎起来的方式。他包扎刀子的仪式多么像是一种灵魂的行为艺术呵。我至今没有发现能有更优美的灵魂高蹈出这种行为艺术。中国的田园、大观园、佛与禅以及那些优美的逍遥举措，无非也是一种包扎伤口的仪式。他们在这种包扎刀子的灵魂仪式之中显得是不是有些小气？

现在，我在这个世界上活着，等待着的依然是伤口。我知道，生命中那些伤害过他的刀子，必定会千里迢迢前来伤害我。我活着迎接的就一定会是伤害和苦难。现在，我想学做的是那个包扎刀子的人。我做那个包扎伤口的人已经太久了，包扎的时候我一面大喊大叫，一面折磨词语。我一路走来，一路用伤口把词语折磨得遍体鳞伤。我一面折磨词语，一面向亲爱的词语道歉。现在，我想再念叨一遍陀思妥耶夫斯基的那句话，这是在我临死前必定会反复出现的一句话，剩下的岁月里面我最想践行的就是这句话：在这个地球上，我们确实只能带着痛苦的心情去爱，只能在苦难中去爱！我们不能用别的方式去爱，也不知道还有其他方式的爱。为了爱，我甘愿忍受苦难。我希望，我渴望流着眼泪只亲吻我离开的那个地球，我不愿，也不肯在另一个地球上死而复生！

» 幸福与被幸福

幸福是个很私密的个体体验，幸福这档子事儿，只有当事人自己知道和它的亲密关系。“被幸福”是被别人认为幸福的人，被幸福的人远比实际上幸福的人多出太多，这是一个投射性质的词语，它到处发生，胡乱地发生，语无伦次地发生。

外在的成功，容貌的漂亮或者英俊，有名气的人，是容易“被幸福”的人。那些有钱人或者是跟了有钱人的女人，那些有权人或者跟了有权人的女人，那些漂亮的男人或女人，发生“被幸福”的概率比平凡的人高出太多。女人爹妈给的好容貌确实会得到很多的“被幸福”，那些条件好的男人们看好的女人，首先就是这样的女人，这样的女人大抵容易嫁得顺利也嫁得好一些。就连就业长相顺眼的也优先录取。

被幸福也是幸福的一个指标，每个人都想活得体面一些，身份高拔一些，从好的一面来讲，是哲学意义上“自我实现”的需要；从世俗的一面讲，得到别人艳羡的目光也是目的之一。这种艳羡的目光，就是一种“被幸福”的目光。有一本哲学书，叫

《身份的焦虑》，说的就是每个人必定会在意自己在人堆中站定的位置，成功是一种身份，如果不成功，必定会有身份的焦虑。焦虑那滋味太不是幸福的滋味了，何止不幸福，简直是遭罪，所以必须取消这种焦虑才能靠近幸福。所以，成功是必需的。我们看到了那些成功人士站在高高的主席台上有着充足的话语权，喝酒的时候也被别人哄着，想不“被幸福”都难。

但是，被幸福和幸福的距离究竟有多远？这可是个好玩的话题。

一些智商、情商、慧商、灵商充足的人，顺应自己的天性干着利人利己的事情，让大众的物质生活和精神生活有了提升，他们也获得了大众的尊崇，完成了自我实现。他们在自我实现中得到踏实的幸福。这样的人是真正的励志者，也是“被幸福”的健康形象。

另有一些人的成功是难以言叙的。为了取得这种不让自己焦虑的高拔身份，是要付出超负荷的力气的，是要和各等没有意思的规则和人际发生磨损的。这些磨损的过程必定是焦虑的。谁知道这些交叉起来的焦虑或者欢愉抵消了什么或者增值了什么，谁知道那道看不见的数学题经过正负结合，最后的结果是“被幸福”了，还是更不幸福了。

台湾地区画家朱德庸曾经发现了一条定律，叫作“三秒钟定律”，意思是名声让他获得的快感，只有三秒钟。他知道别人在夸奖他的三秒钟之后，转身就会去想自己的事儿，早把他是个名人这档子事丢脑后去了。为此，他也知道，他的名声只能够让他获得三秒钟的快感。他觉得为了获得这三秒钟的快感，不值得把日常的生活弄拧巴了，不值得让自己付出身体的健康和心灵的焦虑。所以他把成功这档子事当成搂草打兔子那样去对付了。他首先要获得日常生活的安稳和心灵的有序，要慢着的生活。朱德庸是个大智者，他才能想通这些。我们看到周围比比皆是的一些人，把可以“被幸福”的成功看得比他的命还贵重，他们付出生命中的太多能量用来让别人看起来“被幸福”。这种人还算有所得，毕竟他还得到了一些“被幸福”和真让他的虚荣心得到满足的幸福感觉。有些人比朱德庸“聪明”多了，会把“被幸福”的感觉自我延伸到好几十分钟乃至好几天、好几年，假如他没有朱德庸那样的贼眼，看得出来别人一掉头就忘了他的名声或者成就的话。他自我虚拟出来的众丑鸭子之中的白天鹅的自我形象，足以维持住一段海市蜃楼的幸福。最倒霉的一些人是那些吐了血也没有“被幸福”的人，因为能力欠损或者运气不佳，他除了付出最大可能的焦虑，连朱德庸说的那三秒钟的“被幸福”都没有白得。

幸福是一件过于奢华的事情，因为它太好，所以它不容易得到。幸福的艰难获得更容易让别人“被幸福”。另外，因为幸福是我们太想让自己获得的好感觉，所以别人的幸福是气人的事情。如果自己缺失了幸福，那么别人的幸福更加难以是一件让自己幸福的事情。当然，这是我们集体潜意识方面的东西，是好玩的人性，大可不必令正派的道德出场。

我一直记得有个近百岁老人临死前对他儿子说过的一句话：

你不懂得别人的人生。我还明白我所知道的唯一一句正确的话语，就是“我对这个世界和别人一无所知”。就是把世象扒拉给我看，我也不相信我当时的情绪作出的浅表性判断。我现在一点儿也不羡慕别人的人生，我也警惕自己对于别人的最浅显的幸灾乐祸的心理。现在翻开杂志，看那些笑得比花还鲜艳的人物，我不想再艳羡地认定他或者她多幸福。我只是看着，像流水，然后不评判。我只有那么一点生命能量，用来管理自己都不够用，一点儿也不敢外溢到和我无关的人与事物里面去。而且，哪个人再对我说“谁谁谁多幸福呵”甚至“你多幸福啊”之类的话语，我都会一笑了之，也明白这个人高明不到哪里去。

我还记得博尔赫斯说过的那句话，我犯下了人类最深重的罪孽，因为我从来不感到幸福。麦家也说，幸福是一种习惯，有人生活贫穷但他照样可以幸福，他却没有这个荣幸。我知道，人与人之间眼中的幸福，完全可以是迥然不同的东西。我知道，人生是一种修行，追求幸福本身就是一种欲望，而欲望导致的不会是幸福。我现在喜欢“稳定”这个词，我愿意我的情绪向这个词语靠近。我不懂得别人的人生。如果我不想和别人做比较，我就不再羡慕谁比我更幸福，谁在“被幸福”。

» 病从口入

食物学意义上的“病从口入”无人不知，是一个从一岁的孩子起就开始学习的常识。吃了不洁的食品，就会得病，这病一定是从入口的食品开始的，因此，我们开始小心翼翼地在食品问题上把关，用食品的科学知识来把关。为了防止病从口入，一些有能耐的人甚至开始自个儿弄地种菜种粮，以防这个时代越来越强烈的商业欲望对入口食品的毒害。

我想表述的是另一个层面的“病从口入”。这也是一个让我们从口中而入之后得取的疾病，它比食物的不洁对我们的伤害更加迅疾也更加严重。在某种意义上，话语是一种病毒，话语的病毒比砒霜的毒性还大，比罂粟还伤人，它们伤及的是我们的精神和灵魂。

话语的发明原本是用来交流的。语言的产生原本是人类对自身生命何等革命性的质变，它使人类从无明的黑暗中进入到一种交流的幽亮之中，让彼此的懂得成为可能。语言让人类的进化突飞猛进。如今，语言更是天底下最惊艳的魅惑之物，它能使一个人足不出户就有可能涉足天下人心中。语言又是人类展示自身思维活动的一个重要道具，它可以像照相机一样瞬间把我们的思维映像表达出来，而思维的乱七八糟极大地损害了语言的优雅。思维只是我们对于世界和他者的投射，没有比我们的思维更不靠谱的了。但是，思维的原形却以准确的语言方式道出，这使得语言的混乱成为世间最大额度的混乱。

物理界的刀子伤及皮肉，皮肉是会以疼痛的方式防御的。法律也硬性地让无道理的皮肉伤害成为犯罪，这使得物理界的皮肉伤害成为禁忌。话语的伤害同样是一把一把的刀子，无非这刀子是用词语制造的，它是捅在人们的精神身体上。精神身体也是另一种会疼的皮肉，精神的痛苦远胜于肉体的痛苦，而这种精神的疼痛法律几乎无法触及。更重要的是，没有一种计量器具得以称出日常话语的是与非、轻与重、善良与专横。话语世界是离严谨的科学世界最遥远的另一个世界，这使得话语的刀子随时随地群魔乱舞，伤及他人，也被他人伤及。

福柯在他的著作《疯癫与文明》里面曾经指出，人类的历史是疯癫的历史，文明是另一种形式的疯癫。一直记得当初看到福柯的这一种表述时的那种震惊。是的，人类是疯癫的，这种疯癫是哲学意义上的，人类的成熟过程无非是整理自己疯癫的过程。疯癫的人类使用的一定是疯癫的语言，不疯癫的人类实则是把疯癫的自己治理成看似文明的另一种族类，真实的疯癫实则还在生命的潜意识里面。文明社会的人类在做着这样的努力：把疯癫的自己“文明”成不疯癫的自己。

被称为墨西哥精神硬币的两面的艺术家里维拉和弗里达，这一对极著名的夫妻，艺术成就了他和她的爱，这爱也伤害了弗里达。里维拉说，每当我爱一个女人时，我越爱她，就越想伤害她，弗里达是我这劣根性中最大的受害者。弗里达也说，她这一生中有两件重大的意外事故，一件是车子辗过身体的伤痛，另一件就是里维拉。是的，即便是遨游在精神高处的灵性的人，身体里面的疯癫又足以产生多少刀子一样疯癫的语言，用来伤害身边的爱人。我读过弗里达的传记，我也写过弗里达的传奇，我知道这对精神极度高端的大艺术家，他们使用了怎样洗练出来的精准语言，用于彼此的伤害，尤其是里维拉对于弗里达的伤害。

哲学家理查德曾说，他眼中的婚姻状态是我们此生能够获得的天堂和地狱的最完美映像。婚姻的天堂状态是缘于我们爱上那替我们完美实现所有人类欲望的人，我们把他或者她在模糊的认识阶段虚拟的时候完成这个理想的，是当有限的温柔与情欲结合在一起的时候。心理学家伊斯瑞尔在一次对婚姻有争议的研究中，对这一神话提出了质疑：婚姻的困难主要在于众多“不健康的”人或没有真正“成熟的”人。他认为，从经验角度讲，无法否认绝大多数婚姻都公开或秘密地充满了深深的、毁灭性的紧张感。他提出把一般正常的婚姻重新定义为一种内在的紧张并充满争端的关系，而爱情的成功需要一种明智的爱与恨的平衡。在《必要的丧失》中，心理学家朱迪丝借由书中人物说：“我非常了解我丈夫，我非常清楚按哪个按钮能让他发火。我还知道如何抚慰他，如何缓和及改善我们的关系。你也许会认为有了这些了解我便不会按那制造麻烦的按钮了，我就能创造婚姻的乐园了，但是那不是我的或大多数人的婚姻的行为方式。”是的，我们在关系生活中，婚姻关系与众人集体的关系生活中，很多时候，偏偏不说出那些书本上告诉我们的、我们早知道的可以让我们变得友好的话语。很多时候，我们就是要说那些让对方不舒服的话语，对方听着怎么不舒服就怎么说的话语，以抚慰对方让我们曾经的不舒服，以缓解我们自身的疯癫，顺便引发对方的疯癫。是的，我们一贯擅长的就是这个。

如果语言是胡乱地而不是正经地用来谈情说爱，不是用来作为正能量的关系建设，不是用来达成纯正的思想交流，那么，语言真该是一种节制使用的东西。所有的宫廷戏和政治人物传记中，祸从口出的故事从未间断。人类语言的历史一定也是灾祸的历史，那些死于胡说或者多言的人一定大大地多于死于沉默的人。无论是过去、现在还是将来，这一定律一定还会诚实地履行下去。

平庸是一种罪。平庸之罪是灵性生命的杀手。平庸的话语即使不是锋利的刀子，把精神的皮肉刺割得血肉横飞，它也像是一把钝刀子，让毫无营养的无聊伤害了他者宝贵的生命。平庸者的平庸不仅通过其行为，更通过其语言表达出来，把平庸这个物件描述得栩栩如生。我们在大量的公共场所和私人场所随处可见这种平庸制造出来的无聊。平庸是一种病毒，从口中而出。这种病毒伤害不了自身的平庸者，却让视灵性的探索为灵魂食物的人深受这种病毒的侵蚀。当年，钱钟书先生说“无友一身轻”，就是因为他已没有了从别人身上获得灵性建设的企图，他不想再在平庸者身上获得这种平庸的话语病毒。张爱玲白天黑夜地愿意一个人待着，她想躲避的其实就是众多平庸的这种病毒的侵袭。麦家把和众人待在一起比作“坐群牢”，他一个人待着是“坐单人牢房”，麦家无奈地表示，他宁愿去坐单人牢房也不愿意去坐群牢，就是因为“群牢”里面的平庸比一个人待着的孤独更恐怖。塞林格曾说，他自己应该伪装成一个聋子和哑巴，那样就不需要与任何人产生愚蠢和无聊的瓜葛了。在小说《麦田里的守望者》里面，他借男主人公的嘴巴说：“我只吃自制的食品，以后，如果我想结婚或是恋爱什么的，我找一个也是聋哑人的美丽姑娘并跟她结婚。她得到我的小屋来和我住在一起，如果她想跟我说话，她就得像其他人那样把它写在该死的纸上。”当然，塞林格是亿万人之中的例外，他个体生命强大到让我们讶异的地步，我们也无法吃透他那背对世界的灵魂。但是，可以想象，他是一个怎样受了这个世界语言的无聊和伤害的一个人啊！

曾经读过一段好玩的文字。一个人去一个大师那里学习如何把话语说得更好。他说了那么多话，想让大师收留他。那大师对他说，我收别人一份的钱，得收你两份的钱，因为我还得教会你如何不说话。是的，在一个人不懂得自己垃圾一般多的情绪为何物的时候，学会不说话比学会说话是更重要的一门功课。

曾经读过女作家洁尘的一篇文章。一天，洁尘外出办了一件事情，心情异样。她打了一辆出租车回家，这一路上，尘洁回味

着自己独特的心情，直到她下了出租车。她感谢这个出租车司机一路上没有和她说话，感谢他给了她恰巧与她想独处的心思所吻合的那种沉默。

在“养心微语”的微博里看到这样的文字——人生有两种境界：一是痛而不言；二是笑而不语。痛而不言是一种智慧。人生在世，往往会因这样或那样的伤害而心痛不已。对坚强的人来说，累累伤痕是生命赐予的最好礼物。笑而不语是一种豁达。朋友间的戏谑，遭人误解后的无奈，过多的言辞申辩反而让人觉得华而不实，莫不如留下一抹微笑，任他人作评。

» 别人永远有看法

这些日子我的一个朋友正在被一个烦心事搞得很郁闷。他是个建筑设计师，有过人的招数。他被别人请去工作。房地产业热乎那一阵子，他干得顺风顺水，事业上的成功让他有成就感。可干着干着，遇上了房地产业的“瓶颈”期，他所在的公司陷入很被动的状态之中。商人是利润的追逐者，这样的经济形式让他所在的房地产老板抓狂，他因为是一些策略的制定者，过去的一些策略因为在顺境之下显得顺理成章，在逆境下便显得有些失当。过去是很好的朋友的老板，如今板起脸来训他，周围看热闹的人也跟着煽风点火，恨不得把所有的责任都推给他。朋友差一点抑郁了，绝望透顶，短时间内体重掉了20斤。让朋友郁闷的很大的一个原因，就是别人对他的误解。他修持大半生学到的那些引以为傲的本事，竟然遭到别人的质疑。他为此简直感到失败透顶。

人是群居动物，群居动物的一大特征，就是在乎自己与别人之间的关系。我们的祖先，如果活在一个和别人相处不好的环境中，就会被别人甩掉。那样恶劣的生存环境，一个人是无法生存的，太容易被别的野兽吞噬掉。于是，与别人友好合作，形成一个互惠互利的群体，是每一个祖先必须掌握的活下去的技能。我们也在漫长的生存之中进化出来这种链接关系的基因。现代社会，虽然没有了野兽与野兽之间互相蚕食的惨烈境况，但是，人与人的角逐，进化成了通过个体身份的确定来参照。每个人都有对于自己在群体之中的身份的焦虑。人的身份也呈“金字塔”形，每个人都像个登山者一样向着海拔越来越高的山顶爬去。每一个登山者，既要保证自己现有的地位，还要勇敢地向更高的海拔行进，力图超越别人。一些励志教育也整天使我们抽筋。比如，不进则退，更是让我们不敢懈怠。这其实是一场没有硝烟的对弈，其内在的战场也打得冒烟咕咚。

失去确定的身份让我们像失去信誉一样魂不守舍。我们是一种得到就乐呵，失去就疼痛的心理动物，这是欲望在我们身体里面布置下来的棋规一样的步骤。我们失去名誉，我们遭到误解，就和我们失去金钱一样是件让我们痛心疾首的事情。

有一位画家想画一幅人人都喜欢的画。有一天，他拿着他精心画出的画作去市场上展览，他在画作旁放了一支笔，附上说明，谦虚地让每一个观赏者提出此画作还可以修改的地方。结果，他发现他的画作的每一个地方都被做出需要修改的记号。这让画家很郁闷，他的画作还不至于糟糕到每一个地方都有问题的地步吧。再后来，画家把同样的画作拿出来，依旧放在市场上展览，这次他请观者用笔标下每一个精彩的地方。结果是上次被标上记号的地方又全被标上了记号，表达它的精彩。画家终于明白了一个奥妙，就是在任何时刻都不要在意别人的看法，别人不仅永远有看法，而且，别人的看法永远不同。别人的赞美和批评都不能当成真的，一个人永远不能让所有人满意，一些人满意的地方永远也是另外一些人不满意的地方，重要的是自己要有自己的主见。

当年陈冲刚去美国的时候，一个人生活，经历过很多的苦，但是，她咬牙不作声，她就是不袒露自己的伤口。她说，一个人如果脆弱了，露出自己的伤口，就像是把自己的血流出来的鱼，很快地，会引来周围的鲨鱼把自己舔食干净。其实，所有的江湖都是同一个江湖，鱼的江湖同样也是人类的江湖。现在我的朋友就是那条江湖里面流血了的鱼，他的伤口惹来更多的别的鲨鱼的围观，甚至舔食。“每个人都是生活战场的伤兵，没有伤口的人不配有力量活下去。”这是我在一首诗里面表达的东西。正确地处置自己的伤口，自己给自己消毒，自己给自己止血，是一个成年人必得学会的精神医疗技能，用不着给更多的鲨鱼提供嗜血的机会。

学者陈政发过一条微博，这条微博恰巧和我想表达的这篇文章的主题相吻合。我捡拾陈政先生的智慧果子，来给我的这篇文章砸上一大锤子。陈政写道，一般来说，自信的人不太在乎负面反应，因为他确信这些负面反应于其成功，或于在其树立形象方面不形成障碍。而自卑的人却十分在乎正面反应，因为正面反应对其有树立信心和确认自己价值的效果。因此，听得进意见的

人，包容的人，往往是自信的人；而听不得一点意见的人，往往是自卑的人。

在乎别人看法的人，肯定与自己的自卑有关。

前两天我看到我所喜欢的诗人欧阳江河的一个访谈。有人问欧阳江河，在不在乎别人的看法。欧阳江河说，他一点儿都不在乎别人的看法，有的时候还得故意假装地在乎一下别人的看法。欧阳江河是一个何等自信的人呵，自信到强大。他强大到需要装傻的地步，故意示弱，故作惊讶，以便故意削减一下自己外在的自信力。他是多么有趣，又是多么智慧。

不要让别人的信息撩拨了我们的情绪。我们的生命能量是有限的，我们的生命是宝贵的，值得把所有的能量都使用在其中。

» 才华没有什么了不起的

我们一直尊崇的一种人就是有大才华的人。比如，大作家、大艺术家、大企业家。我们从小就把他们的人生当成自己的励志故事。他们多么能写啊，不浪费自己的才华啊，有的人甚至死在自己的写字台上。我们的老师也反复地开导我们，向他们那样，不浪费自己的时间，把自己的才华全部发挥出来，以便做一个到死的时候都不后悔的人。

渴望成功真的是一种最有效的励志教育，可以让太多的人压榨自己的时间，恨不得把一天当三十个小时来使用，把自己的才华超额地发挥出来。这使得我们的生活像摩天轮一样在飞，五颜六色，上了发条一样停不下来。假如生活是一辆汽车，我们是司机，没有人在悠闲地开车看景，几乎全是急匆匆朝前赶的飞车，提速，再提速……提速就是目的，活着就像是赶出最多的路，朝着人流涌动的方向。是的，在商人的成功就是比其他商人赚更多的钱、官员的成功就是比其他人当更大的官的现实目标之下，我们还能活成什么样式？这么过真的不快乐。这种活法的代价就是焦虑与不安。那些赚回来的钱，多大数额也无法医治自己的不安。我们失去了安稳和安静。我们失去了和大自然本然的链接。

有一天，我看到台湾地区漫画家朱德庸说起他的生活。他说："才华没有什么了不起的，与其浪费生命，我宁愿浪费才华。"

这是一句对我一生有着重大影响的话。我从此一天也没有忘记它。

朱德庸的漫画特别成功，他曾经也为此而加速画画，为的是更加成功。可那种活法让他郁闷得要死，差点疯掉。他不得不停下来想一想这是怎么一回事儿。几年前，他还有一丝丝念想，希望自己的作品可以留下来，但这几年间经历的许多事情让他有所改变。他的太太生过一次大病，让他把许多事情看得更透彻，连最后一点点迷思都破灭了。他的一些朋友，正值盛年却突然死亡，譬如一个开餐厅的朋友，上次见面还开心地告诉他要把店开到北京、上海，不到一个月就故去了；台湾地区广告教父孙大伟，正开着会忽然不能说话，写条子说头很痛，倒下去就再也没有醒来。他们死后很快就被人遗忘，有的人恐怕在死去的第二个星期就没有人再谈起他了。那么，生命到底是怎么一回事？

朱德庸说，假如第二天就是世界末日，他唯一遗憾的，就是他没能在生活中整整一个月什么都不做。他现在只想散散步，整理一下房间，有什么想画的，就慢慢画出来。他在找回属于自己的生命节奏。他感到活着的安稳与快乐。

就在前两天，我们几个过去的同学一起聊天。有一个做生意的同学，他从国外引进的项目越做越大，事业成功。可是，我感到了他的焦虑。我试着对他说，你已经不缺钱了，能不能试着慢一点儿干。他说，不进则退，稍一懈怠，别人就会超过他。我说别人超过他又有什么关系呢？他说，他如果不干了，也是社会的损失，他正在干着的事业对社会有利，解决了那么多人的科学饮食问题和一些人的就业问题。他表示，再过若干年，他就可以享受自己的成功果实了，过想过的生活。

他为了不浪费自己的才华，还要打算再过十几年如此操心又焦虑的生活，换回他早就不需要了的人民币数额。他为了不浪费自己的才华，而一直不怕在浪费着自己这十几年的生命。我们的社会，推崇的就是这样的价值观。他一直在我们的同学中被视为佼佼者，羡慕他的财富及成功。大家一厢情愿地认为他过得该有多好。我知道，这个世界只教导我们如何成功，却没人教导我们如何保有自我。

我相信，人活着到最后一丝意识时，一定有个声音在问自己，你这辈子有没有白活？你甘心不甘心？既然如此，不如早提问自己，在活着的时候就提问自己。不，在每一个当下都要提问自己。对我来说，成功就是在做自己喜欢做的事情，成功就是自己支配自己的时间。温饱之后，时间才是我真正的黄金和白银。我是个庸人，没有才华，更没有什么才华值得浪费。但是，我和任何人一样拥有生命，这个生命没有高低贵贱之

分，它才是不能浪费掉的东西。对我来说，整个人生都值得我泪流满面，而不是欲望寻求的那点成功。我要慢点走，慢点看。我要去看我自己想看的风景，看风景的地方逆向人流又有什么要紧的？

» 成功是人生最大的谎言

我亲眼看见了我们的日常生活中早已成形并且坚不可摧的成功模式。

我们的家族里面有两个五岁多点的小娃娃，都是小男孩，都在上幼儿园，在学费高一些的幼儿园学习的，叫卡尔旺旺；在学费低一些的幼儿园学习的，叫卡尔壮壮。两个小男孩天真有趣，在一起玩耍的时候一会儿好得要命，转眼间就打翻了，尽显孩童的天真。旺旺内向一些，说话少，大眼睛骨碌地转悠。壮壮开朗一些，话语多，不怯生。两个孩子活得天然，像自己。都好，我喜欢。旺旺的幼儿园里面教外语，所以旺旺嘴里面的外文就比壮壮多一些，他还在幼儿园里面的比赛中得了奖，旺旺和他的家长都开心。壮壮的幼儿园里面没有外语课，有一次，壮壮去了一个地方参加比赛，不怕生的壮壮对一些寻常问题答得很溜，一点儿也不怯生，他得意得小眼睛都眯了起来。接下来主持人用外语问了状状一个问题，壮壮听不明白。眼见着壮壮在台上慌乱起来，小脸都红了，显现出觉得自己不好的那种不自在。壮壮回家，他

的父母和奶奶也跟着着急，就把他送到学费高的那个幼儿园去学英语，以便不让自己的孩子输在起跑线上；以便也像旺旺一样，在与别的孩子的角逐中获得名次；以便现在就成功，以后更成功。壮壮也开始好好念外语，一节课不落，争取在比赛场上赢了别人，不再在台上显得那么难为情。

我听了这些，很难受。我替壮壮感受到了他内心的那种磨损。那是一种大人都承受过的因自卑而产生的心灵磨损，仿佛柔软的物理的肉做成的心放置在粗粝的砂纸上摩擦着。大人们受着这样的滋味都不容易，何况一个小小的娃娃。

旺旺比壮壮能早一点念了外语，这也没有什么，这纯属在知识范畴里面多占领了一点。壮壮就是不念外语，也是个可爱的孩子嘛，干吗让好好的壮壮站在角逐台上被比较着，然后让他觉得不如别人？他根本没有不如人家嘛。

美国心理学家堂・米格尔・路易兹写了一本书，名字就叫《成功是人生最大的谎言》。路易兹认为，我们人生之中最大的谎言就是所谓的成功，我们人生的第一个谎言就是“你并不完美”。其实，生而为人，我们天生就是完美的，我们本体的真实的自己，都是独一无二、无可替代的，就像小草和大树都是生命，狗尾巴花和芍药花各有不同的美丽，它们是不可比拟的，它们只是本相地做着自己，装点着世界上不同景象。人类社会就坏了，人类社会就是拿这个草和那个树去比，让草去学习怎么做树，让小花怎么去化妆自己成为大花。这么比较的结果，就是把太多生命的实相给遮蔽了，每个人都在去做那个大家伙儿认定是标杆物的那个假我。

成功是怎么成为我们的陷阱的？就是因为我们每个人要去按照社会的标准去做那个所谓成功的人，按照我们的亲人要求的样子去做那个所谓成功的人。即使我们费尽九牛二虎之力做成了那个成功的人，做成的那个人也不是我们真实的那个人，只是我们自己或者别人要求我们做的那个人。是个我们自己的替代品，是个假人。何况太多的人因为资质上的平缓，累到吐了血也做不成一个所谓的成功人士。但是，他们也必须去争取做那个有着社会标准的成功的人。他们扭曲了自己一辈子，既没有做成成功的人，也把自己做假了。在路易兹的笔下，“罪孽”一词的含义是“违背”。我们违背自我之后的一切言行都是罪孽。一切违背了自我的知识都是谎言。谎言使我们认定自己不再足够美善，当然，我们也这样评价他人。伴随评判而来的是对错、分化以及惩罚与被惩罚。我们不再善良地对待彼此，不再尊重与呵护上帝创造的芸芸众生。我们开始与上天创造的自然律分离，与自己分离。

我曾经在一首诗里写道：我必须成为自己的赝品才能活得下去。

但是，社会已经按照成功的模式在运转，这已经像地球在自转那样自然。我们家那两个五岁的小娃娃，卡尔旺旺和卡尔壮壮，像已经上足了发条的钟表，自动地按着成功的模式在成活。亲人们在热切地巴望着他们，比较中的同伴们在暗中较量着他们，优胜劣汰的生存环境在催促着他们，我们的学校教育也在灌

输着他们。所有的人都在这条谎言的路上疾跑，而且还生怕起跑的时候就比人家慢半拍。因为不成功就是我们的耻辱，不成功本身就让我们紊乱。不成功我们就焦虑，我们都在患上一种叫作“身份的焦虑”的疾病。是的，社会就是这样对我们进行判决的，不成功的人便被小瞧，就活得不滋润，就生不如死。没有人愿意被小瞧。

小小的我们，头脑像个空白的电脑，安装上的程序就是这个成功的模式。这样的结果是什么？是我们必须首先成为心理学上的“假自我”和“似人格”、“自恋人格”，在自我的分裂当中扭曲着自己。假如我们没有自救的能力，没有及时学习到生命真正的知识，我们的一生都不会是幸福的。何止是不幸福的，我们能不疯，简直就是知足了。这又有什么可商量的，因为幸福的逻辑有它自己的理性。我们所习得的成功知识本身就是个谎言，把它作为幸福这个题目的先决条件是扯淡的，因为它本身就是个错误的条件。一个错误的条件哪里能推导得出正确的结论？我们从大量的活得紊乱又混沌的现代人身上，难道没有见证出来这些吗？

是谁在过我们的生活？是谁在替我们作出选择？

当然，如果我们没有及时地刹住谎言一般的前行，从沙砾一样的知识谎言中像炼金术一样提炼出真相的金子；或者，假如我们不像遵从上苍的自然规律那样遵从生命的真相，我们就没有可能获得救赎。其实，真相的学问比成功的学问更加难以习得，这使得我们得像唐僧取经一样破除万难，先得焚毁我们电脑程序一般装进头脑里面的知识的谎言，再用钻木取火的方式，手工的方式，获取一点一点迸射出来的生命真相的黄金。生命可能的喜悦的获得完全在于自救。是的，就像路易兹所说的那样，在这个世界上，我们不需要向任何人证明自己坚守梦想，活出真我才是人生最大的快乐。

» 聪明的身体

我们的身体绝顶聪明。我们的身体是全天下最不撒谎的灵物。

我们的身体比一千台电脑都聪明。电脑只会按照我们的指令办事，它是没有灵魂的。我们的身体却是敏感的，有神经的，它有自己的潮涨潮落，它有自己的灵魂。无论这个世界和这个世界上的文化发生了怎样的变化，我们的身体从来都在恪守着自己的灵魂，它只与我们的本体发生着亲密的关系。我们用朴素的食物滋养我们的身体，它就会健健康康地回报我们以强壮。一碗小米粥比一碗黄金更能养育我们的肉体做成的肠胃。一回真正的爱情比一百回假冒伪劣的爱情更加让我们的身体千娇百媚。

匈牙利心理学家费伦齐是弗洛伊德的粉丝，他认为：身体的每一部分都有自己的“器官情欲”。他的意思是说，每一个器官都有自己的私生活，甚至还有自己的人格，可以从自己的活动中获得乐趣。疼痛说明我们的结肠不高兴，如果我们能聆听它的抱怨，或许就能弄清楚究竟是什么让它感到不自在。费伦齐要求我们改变对身体器官的基本看法，从关注它们的生理机能转移至关注它们的乐趣。

我们带着我们的身体来到这个世界上。我们对身体的职责其实应该是这样的：我们的每一个器官快乐吗？我们的器官快乐比我们自己的欲望快乐其实更重要。我们的器官不快乐了，我们的身体就会疼了，就僵硬了，血管就堵塞了，我们的情绪就败坏了。但是，情况往往是倒过来的，我们关照我们的欲望远远地大过关照我们的身体。我们的欲望接受头脑的指令，我们的幸福却来自我们的心。只有当头脑和心的链接是良善的，我们才会幸福和满足。我们的头脑与我们的心的喜乐观在很大程度上是很不一样的。我们的头脑要求快乐的时候，我们的身体却是不快乐的。比如，吃饭是多么快乐的一种动作啊，吃上好吃的东西简直就是我们的味蕾在与食物寻欢作乐。可是，我们没命地往肠胃里面塞鸡、塞鸭、塞海鲜、塞山珍，我们的舌尖在体验着类似于男欢女爱的那种快感，我们的肠胃却遭了殃，它们像个奴隶一样免费地工作着，没完没了。它们不高兴了，提抗议了，它们不活动了，我们的肚子就疼了。如果我们再加大马力拼命让它们工作，我们的肠胃甚至会糜烂和破损，我们的身体就会痛不欲生。身体其实在以这样的方式提醒我们用错了活着的方式，如果不更改这个错误的方式，活下去都会变成一件困难的事情。

我们身体的最大器官是我们的心灵。

我们的心灵更有属于它自己的情欲。如果心灵得不到滋养，我们的身体简直就是行尸走肉。心灵有它自己的食物，那就是过

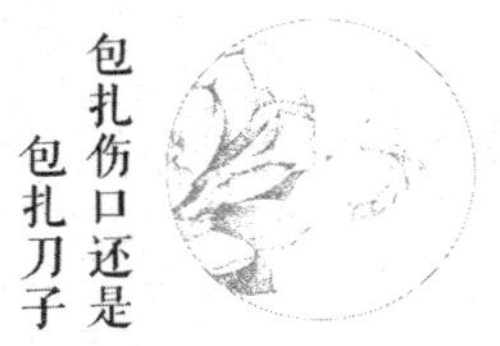

有感情的生活，干自己有兴趣的事情，去爱真爱自己的自己也真爱的人。如果不是这样的“食物”，我们花一百万元买回的东西也不能让心灵这个器官高兴。如果我们的心灵不高兴，我们住在多么豪华的别墅里面也像是住在棺材里面。如果我们娶回家的不是爱情而是婚姻，我们的心灵可不是那么好糊弄的，它该对谁陌生就对谁陌生，即使那个人天天躺在我们身边也还是个陌生人。如果我们爱的是我们真爱的人，我们真爱的人爱的也是我们自己，那么我们吃简单的食物、住简单的房子也能心满意足。什么是真正的首富？是和自己的爱人过着满足的生活，是和自己的爱人疼着、爱着、亲着过着有德性的生活。我曾经在诗歌里写道：“一间二室一厅的房子/照样可以装得下学富五车的爱情。”

我们的心灵有它自己的理性，就如我们的幸福有自己的理性。

还有，那个叫压力的东西。如果我们附加在自己身体里面的压力是恶性的，如果我们负担的压力是我们负担不起的，我们的心灵就会受伤。无论我们如何与我们的心灵讨价还价，让我们的心灵多担待一点，这个压力可以换回多多的银子、换回大大的官位，我们的心灵也不会同意的。我们的虚荣可以做一回又一回的妓女，骗取这个世界上那些嫖客一样的欲望的欢心，可是我们的心灵从来不是妓女。我们的心灵一旦不高兴了，我们的身体就会抑郁，头脑里面的各种指标就会出现变异，变异到一定程度，我们就会活得乱七八糟，必要的时候还会去赴死。

如果我们的肉体感到疼痛了，如果我们的心灵感到委屈了，这其实是我们的身体对我们发出了指令：我们过坏了自己的日子，错误地使用了自己的身体。这其实是上帝发放给我们的一份化了装的礼物，需要我们用心去破译。

心理学家告诉我们，大多数的现代疾病都是身体在麻木的文化氛围中坚守立场的表现。在繁忙而物质崇拜的这个现代社会，我们是多么容易忽略自己身体器官的快乐。我们的心脏不是水泵，而是善良和勇气的源泉。谁把我们的心当成肌肉或者器官，谁就是真正的心脏病患者。想一想我们做了不可爱的事情，我们愤怒或者嫉妒，我们的心是怎样的吃惊呵，那是她在因流血而悸动。把心当成物体是犯了极大错误的，因为忽略了心的最重要的性灵。如果我们的心不能频频地发射爱与勇气、诗歌与激情，我们的心，她的才华就被萎缩，她的诗性就被关进地下室。我们的心，她原本就不是一个器官呵，她是居住在我们身体里面的神。

我们的肝脏是激情的发源地，是充满诗意的地方，如果我们让它们频繁地忙于为我们喝下的酒精解毒，这么低级的趣味会让它失去活力。还有我们的肺，它吸收新鲜空气的时候是多么喜乐，可是它吸纳了多少肮脏的气体和汽车尾气？我们的双脚是用来丈量土地的，谁让它们成为蹬踏汽车轮子的单调机器？我们的乳房，我们的雄具，原本是因为爱情而膨胀而雄起的，它们原本是琴瑟相依的，如果我们的情欲没有爱情的昵近，肉与肉碰一下又能有多少意思？我们的身体器官，它们原本全都是高贵的充满力量的神器呵，谁把它们沦为了单纯的生理机能？

从今天起，我要经常对我的器官进行采访，连同我的心灵。吃东西的时候我问问我的肠胃：今天你快乐吗？去海边游走的时候，我要像个央视记者那样问问我的心灵：今天你幸福了吗？

今天我写了一万字。我的欲望很高兴。我终于可以快一点完成这一本书了。一本书出来，我有版税，我有读者，喜欢我的读者或许还会表扬我几句。可是，我的骨骼提意见了。我的颈椎开始疼痛，一会儿左边疼，一会儿右边疼。我犯了一个不小的错误：不让我的器官高兴。我像一个讨厌的只会工作的领导，让自己的员工加班加点不顾死活了。我像对待叫花子一样对待我的身体了。它们终于提抗议了。我要起来活动一下，今天不写字了。马上起来走走，出去遛遛，看看市井。

» 打击你的力量就是你的力量

一个亲友的女孩儿在今天的早晨呱呱落地。她哭声响亮，仿佛在向这个尘世报到，仿佛表白她的独特与唯一。我知道，这是我在替这个小婴儿抒情。实际上，每一个婴儿来到世上，都在本能地哭，本能地吮吸。如果他们没有母亲的呵护与爱，完全没有能力存活下去。她因弱小而让亲人们加倍地疼爱。她的哭声是全世界最强权的命令，让大人们拿出全部的热情去呵护。她的一个皱眉都是天底下最妩媚的呼唤，让大人们拿出全部的柔软来为她服务，以舒展自己那宝贝的眉心。在动物世界，人类的幼弱有最长的时间要求着成人的保护。狗狗们在娘胎里两个月就出生，出生了就能独自站立和行走，没有几天，就可以脱离母亲而独自生存。人类不行。人类的独立，需要近十年甚至十几年的成人关照，不然存活下来都成问题。是的，在动物界，人类长久的幼年抚育期与人类超群脱俗的智商，也许是上帝安置在人类生命硬币中的两面。

小小的婴儿来人间的第一个报到信号是她的哭声。我们早就有所解释，说人生是苦难的，是哭着来到人世间的。这当然是在一种宏大的背景之下说这个问题的，我们甚至笑着倾听婴儿的哭声。因为我读了《必要的丧失》这本成长心理学的书籍，知道这哭声还是因为婴儿在脱离母体的那一瞬，刚刚经历了人生的第一次丧失。她丧失了与母体的那种无菌般安全的连接，突然断掉的脐带让她失去了与母亲的共生。这是她人生中第一次必要的丧失。丧失是痛苦的，所以她使用了她的哭泣。我知道，她像所有的生命一样，慢慢地长大，慢慢地丧失。这却是一种必要的丧失，在丧失中她获得成长，得到她的安全和力量。我也知道，她将有属于她的一生，她的命运里面有她的爱与挣扎，有她的喜悦与苦难。

人的一生是这样的：一开始我们就是这个小小的婴儿，束手无策，没有一丁点儿独立生存能力。然后，我们经过被我们说成的漫长的或者迅疾的一生。漫长，是因为我们所遭受的痛苦的磨损是漫长的，对生命的修持是漫长的。迅疾，如白驹过隙，是因为我们本能地活着的欲望，长生不死的欲望。其实，我们活下去的动力特别简单，哪怕还存在一息希望，有可能的一丁点儿幸福，我们都会不想死。这使我感到活着真是一件悲壮的事件。是的，假如我们能活到人类的平均年龄，七十多岁，成为老年，满是白发和皱纹，那么，这个婴儿和这个核桃一样的老人，果真是一个人。但是，果真是一个人吗？那一颗心，从一个蛋白那么柔软的肉体，变成一个核桃皮一样坚固的核。这样的皮相，这样的心，是怎么熬变出来的？在变更的过程中，岁月对我们使用了什么？是的，是喜悦，是痛苦。是瞬息即离的喜悦和漫天遍野的痛苦，中间还有大量的无聊，和对无聊无可奈何的忍受。是丧失，这必要的丧失，对我们的凿砌。爱的割舍，生的离与死的别，然后，这生离死别的力量就是我们的力量。肉体的和精神的刀伤，因丧失而留下疤痕，然后，疤痕的力量就是我们的力量。人与人本质上的疏离，即使在人群的热闹中，灵魂依然是本质上旷野中的孤魂，孤独成孤绝。然后，孤绝的力量就是我们的力量。

是的，打击我们的力量就构成了我们的力量。

父亲在五十岁高龄的时候生下我，然后，把我拉扯大。他一路活着，活了九十多岁。这一路，我几乎没有听过他一句对岁月控诉的话语。就在去年，我扶着走不动路的父亲，他像个被岁月退回的婴儿一样指望着我的搀扶。他有些孩子气地对我说："没有想到，我已经这么老了。"然后，他依然一声不吭。直到他去世的时候他依旧一声没吭。我曾经总是觉得我的没有本事的父亲啊，我曾经总是觉得没有给我励志力量的平凡的父亲啊，其实他是多么的棒！他连一只蚂蚁都打不过了的时候，他竟然也是一声不吭。是的，打击他的力量就是他的力量。岁月把他打击得只剩下喘气的力气了，他也一声不吭地喘气。他就是使用了命运的这种打击他的力量，才能够一声不吭地不给我们添麻烦。我的婆母，八十多岁了，若干年前，她还唧歪，说，如果她多病的老头子没有了，她肯定也不活了。后来，公公去世了，她竟然也是挺拔着过来了，一个人活着，活得足够坚强。我也知道，打击她的力量正在形成她的力量。

我活着，已经老旧。我在丢东西地活着，因为知道外物的无用。确凿无疑的那种无用。我丢物质的东西，外在喧哗的东西。岁月也在帮我丢，我所有的一切，都在逐渐地被岁月帮着丢掉。我知道，我活着的过程就是丢失的过程，我将丢掉我现在拥有的一切。已经老旧的容颜将继续老旧下去，以惊心动魄的样式老旧下去。我的皮相里面的器官将像一个一个坏掉的零件在我的体内消极怠工，哪一个零件一怠工，我的生命就会失却了稳定的常态，甚至会丢掉。我的剩余的亲人和朋友，假如我比他们长一点地活过，那么我将一个一个地看着他们，在那个著名的大炉子里面化成灰，变成一包骨头搁置在一个几十平方厘米的盒子里面，他们的离去就是我生命的部分离去。是的，假如我还没有死去，我一定得把一切活着的活气一点一点地丧失掉。

我必须把自己生命的力量积攒到与丧失给我的击打所匹配的程度。我甚至必须把自己的力量积攒到与死亡给我的击打所匹配的程度。不然我就会活得唧唧歪歪，叫苦连天。我看到那么多的人，在用酒精麻醉着自己，以回避自己丧失的痛苦，被击打的痛苦。我不愿意和他们一样，绝不愿意。我不能瞧不起自己。我不愿意成为那样的可怜人。我看到女诗人李南写给阿赫玛托娃的诗句：俄罗斯广阔无垠的土地上/你跌跌绊绊/倒下又爬起/我也一样像牲口那样/在晨光里/倔犟地仰起头……我愿意自己也有这样的高贵的跌绊，就是绝望也不怕。

在另一首诗歌中，李南还写道：再有一年/我就活过了曼德尔施塔姆/却没有获得那蓬勃的力量……是的，如果我没有积累到曼德尔施塔姆的那种生命力量，我就没有他迎面尘世和死亡的洒脱与安稳。

我知道，我写文章，与人谈话，无论我使用了什么样的抒情方式，对命运、对人生、对红尘，说着世态炎凉与命运的不公，看似多么合理的抱怨与调谑，看似多么高雅的无望与指责，其实，都不是因为我有多么的哲学与渊博，而是因为我本质上的贫与弱，是因为我的生命还没有积累到对生命的承担，我的视线还没有升腾至足够平视沧海人间与死亡的精神视野。

打击我的力量就是我的力量。我现在要学着的，就是将这种平缓的或者是猛烈的被击打的力量，平和地落实到自己的生命里面。是的，我要着重学习的就是这个。

»　“黑天鹅”事件

美国打伊拉克那阵子，电视上直播着这个真枪实弹的战争，地球村的人民像观看一场电影那样，怀着好奇的心情窥视着这场战争的动向。第一天晚上，美国部队去了伊拉克的境内，央视请出了军事专家给我们讲解并且对战争后事进行预测。那专家预测，在第二天，伊军将做出强烈的阻击战以保卫自己的领土。我们也全都相信，第二天，在遥远的那个地方，电视上会直播出来类似于我们过去的地道战或者地雷战那样惊险而意外的巷子战。人类天性中的好斗与窥视欲，让我们一个个瞪大了眼睛。

第二天，美国士兵去了伊拉克街区，结果，根本没有伊拉克士兵的阻击，街道是空的，美国兵如入无人之境。那个军事专家真是丢了脸，因为他说出了错误的预报。那一天，我都替这个军事专家丢人。若干年后，每一次看到这个还经常出来做其他预测的军事专家，我都会想到他的尴尬事。其实，哪一个军事专家出场，大抵都会把第二天的军事情报预测成那个样子。这很像是一种现成的理论，被哲学家或者经济学家经过看起来精准的分析，印制在经典的或者新颖的书籍上。印制在书上的理论无法有一个第二天的“实战”去验证，而被我们大家信奉为真理，并继续把这些理论推而广之。美伊战争，却有一个第二天的真实战场，让军事专家的嘴巴露了一个大缝。

心理学上有一个理论，叫“黑天鹅定律”，完全可以解释这个事件。我知道这个定律后，再在电视上见到那个军事专家，就会替他圆那天的场。这个定律是心理学家塔勒布发明的，它源自一个典故：欧洲人观察了上千年，见到的天鹅全部是白天鹅，因此所有人都认为天鹅是白的。后来欧洲人发现了澳洲，一上岸竟然发现有黑天鹅。只看见一次黑天鹅，就足以推翻上千年来千万次观察总结出来的结论。塔勒布用黑天鹅事件特指极其罕见、但一旦发生影响极其巨大、完全颠覆长期历史经验而事前却根本无法预测的重大事件。

黑天鹅事件在现实中被反复地印证。“9·11”恐怖袭击事件即是。当时，全世界只有塔勒布一个人预测到了，但是，全世界没有一个人会信以为真。一周后，两架飞机真的撞进了纽约世贸中心双子塔办公楼里。还有，2008年金融危机爆发，全世界只有一个人不但预测了它的爆发，而且预测到了危机的严重性。这个定律无非想告诉我们：许多体系建立在对于黑天鹅事件的无知之上，甚至拒绝承认黑天鹅事件形成的脆弱性导致的结果。

有意思的是，发明了黑天鹅定律的塔勒布却告诉我们应对黑天鹅事件的五个基本原则，第一个竟然是“不要预测”，因为黑天鹅何时发生根本无法预测，能够预测出来的意外就不是意外。

对于不可预测的事情作出错误的预测而采取错误的行动，只会犯下更大的错误。但是，不要预测灾难不等于不要预防灾难，必须谨慎地分析最极端黑天鹅事件发生的破坏性，并作最充分的预防，这是文明的现代人着手准备着的事情，而且把这事做得越来越精细。

其实，我们的老祖宗在五千年前就说过：祸兮福之所倚，福兮祸之所伏。我也曾写过一篇文章叫《最寻常的事情就是无常》，说的其实都是这个叫黑天鹅的鬼魅东西。世界是由极端、未知和非常不可能发生的事物主导的，我的一个作家朋友也曾说过，历史是由见鬼的事情组成的。我也曾感慨，我们今天的这个世界，其实是由天才创造的。达尔文、爱迪生、比尔·盖茨、弗洛伊德、乔布斯……这些天才们给我们创造了人类智慧的文化和科技的世界。如果没有天才们，我们也许还处在刚刚走出洞穴的那种智力发育阶段。我们用不着有天才的头脑，但是，我们可以像傻瓜一样，按动傻瓜相机的按钮，天才们的智慧便会在机器模式运转之中把美丽的风景定格进去，让我们都能享有数码相机酿造出来的数码成果。天才们就是一个个人类的“黑天鹅”。

当然，更多的人生无常，也是一个个黑天鹅，令我们恐惧。王石曾说过：由于迷信人的理性，人们从未停止有计划地发展经济和社会的尝试。但是市场终会告诉我们，黑天鹅随时可能降临，你躲不过去。刚刚发生的股灾其实也是一只这样的黑天鹅。王石的这话适合所有的领域，大如日本的海啸、每年都有的空难，小有属于我们每个人时常会发生的无常突发事件，乃至我们的生与死。

现在，我手里捧读着的，就是这本叫《黑天鹅》的书籍。我在这些确定的字里行间，积累着自己的关于那种叫“不确定”的智慧。这感觉很有趣，很像在读卡尔维诺的寓言故事。

» 活在点子上

谁都想活好。这是个原定律，没有什么可争议的。活好，就该活在点子上。但是，我们得用很长时间，瞎活，像个没头苍蝇一样地活。这真没有办法，因为生命的内宇宙不像外宇宙，是肉眼可以看得见的。很长一段时间，对于生命的内宇宙，像物理的宇宙形成之初的样子，一片混沌，我们对其一无所知。生命自身要依路可走，可是，生命的内宇宙之初，原本无路，需要自己开天辟地地去寻路，需要用自己的血与泪，还有汗水，去描绘自己的精神地图。描绘得出准确的内宇宙的精神地图，需要自己慧眼的一点点洞开与识别。很多人是没有慧眼的。没有慧眼的人，缺少的就是对生命的洞见，只能顺着我们体内基因的寻求，在欲望的鼓励下胡乱地成活。不经审视的精神地图是我们体内的欲望基因自动绘制出来的，循着这个地图行走，是一条死路。肉体不死的人在那里行走，也是行尸走肉。

我所喜欢的新东方领头人俞敏洪说过一段话，真是替我们把活在点子上这件事说到了点子上。他认为，活在点子上就是能够专注于对生命最重要的事情。他觉得实现这些有三大要素：第一，要有一个自己特别喜欢做的事情，而且，这个事情能够带来经济收入；第二，对于生命不需要的财富没有过分的贪欲，能够云淡风轻；第三，有一个可以专注一生爱的人，可以相伴终生。

其实，幸福的标准、成功的标准，只有一个，那就是：按照自己的愿望去生活。民间有一个通俗的说法用来表达一个人或许可能的幸福，那就是，干自己喜欢的事情，和自己最爱的人上床。这个通俗的说法和俞敏洪的说法是相通的，只是俞敏洪的说法更文静，有细则。

这真是一个既内省又现实的人的活法。我愿意把它当成我内心的精神地图。

现实生活中，能做自己有兴趣的事情的，能有几个？每个人都有自己的兴趣事，但这兴趣事还能养活了自己，最好的还是能比较宽绰地养活了自己，这样的要求，真的是很奢华。找到一个自己的兴趣是容易的，打牌、吸毒、谈情说爱、游走……都可以是自己的兴趣。我从《欲望之源》这本书里，也得知这些行为确实可以让我们幸福。可是，打牌、吸毒、谈情说爱、游走……仅仅这些，还不足以挣钱养活自己，马斯洛的人生五大需求的第一需求，说的就是要满足我们的生存需求。相反，这些低浅的兴趣是温饱之后的娱乐。这些娱乐，属于本能，而本能的东西是最没有什么了不起的东西，猪狗都会。如果在里面没有精神上的内质，本能的重复绝对是一件乏味的事情，这乏味足以让人自杀。马斯洛的人生递增寻求理论，告诉我们，人的基础需求满足之

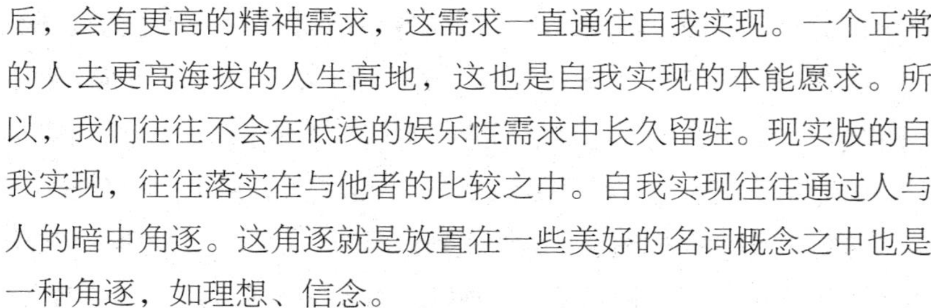

后，会有更高的精神需求，这需求一直通往自我实现。一个正常的人去更高海拔的人生高地，这也是自我实现的本能愿求。所以，我们往往不会在低浅的娱乐性需求中长久留驻。现实版的自我实现，往往落实在与他者的比较之中。自我实现往往通过人与人的暗中角逐。这角逐就是放置在一些美好的名词概念之中也是一种角逐，如理想、信念。

现实生活中，我们看到的，大都是在名利之路上的角逐。这是一条我们体内的基因给我们开辟的路，我们无师自通，社会与家长都在教我们走这条路。这样的路在哲学上就是一条上帝向众生敞开的大路，通往疯狂和深渊。我总说，三人行，必有政治。构成这政治的，是人性里面深深浅浅的沟壑。人性是复性的，里面有着本原的良善和本原的罪性。名利之域最容易把人性之中的罪性勾引出笼，如若再没有极度合理的外在制度的制约，倚仗民众的道德理性是一种扯淡。柴静曾说：“善”不能强加于人，强加的结果是普遍的虚伪。

人的外在行为理性地力求符合外在的规则，而人性的内部另有规则，它就是个体利益的最大化。个体情绪的波动以这个规则为轴心，灵敏波动一如科学家做实验用的仪器。在这条路上，人与人欲望的集合冲撞得横七竖八，杂乱纷呈。利益的衡量，必需的妥协，强势与弱势貌似的显性平稳，实则弱者在力量的角逐中以看不见的扭曲能量在暗中释放。鸡同鸭讲，虎兔共事……这几乎就是集体聚合在一起的生存逻辑。这样的逻辑之下，几乎没有喜悦与安稳的可能。设若没有足够的定力能够让当事者修持并且超越自我，这可真是一条充满死亡风险的路。

做一件自己欲望的事情，并且这欲望能够养活自己和全家，而且，这欲望在客观上对我们自身的生命不仅没有害处，还有提升，这样的兴趣才是良性的兴趣。我认为，这样的兴趣只有在纯粹的艺术、科技与文明的创造领域产生，是一些与名利无关的务虚的事情，然后，在这等事务的从事之中得到物质上的回赠，还能得到别人的尊重，以确保个体生命身份的确定，安抚个体生命必然的身份的焦灼。是的，能够达成这种兴趣愿望的，应是具备多大精神能量的那种人。退而求其次，一个人干着兴趣中的活，这兴趣恰巧能让其得到物质的回赠，却不能满足当事者外在身份的光彩性确定，这样的生活也算得上安稳。这种人分布在平凡的大众之中，在我看来，比很多貌似强势的名利炫耀者有着更安妥的生活质量。

对于生命不需要的财富没有过分的贪欲，能够云淡风轻。是的，在欲望世界中有云淡风轻的能力，把生命的能量转移到云淡风轻的事情之中，这种人才能够做到诗意上的云淡风轻。没有诗意的灵魂，让其云淡风轻，是绝无可能的。那种云淡风轻也无非是一种了无生趣的无聊，而打发这等无聊，最容易导致对多余财富的追逐。

有一个可以专注一生爱的人，可以相伴终生。爱，是艰难的事情，甚至是极其艰难的事情，达成一个男人和一个女人的情感之爱、身体之爱，比得到物质和职位更加艰难。池莉说，不谈爱情，过去不谈爱情，现在也不谈爱情。她以为，爱是精神上的一件事情，物欲横生的人轮不到得到这个过于奢华的事情。是的，现实生活中，专注一生的爱是多么的奢华。我们有的，多半是那些叫婚姻的东西，里面有部分的亲情爱意和大比例的忍耐，还有无聊。相伴终生的婚姻无论如何都已算得上是一件值得庆幸的事情，但是，相伴终生的婚姻里面，住着的是爱，是情，还是空无甚至孤绝，每个人的心中都有一份属于自己的诚实的认领。

俞敏洪说，有的人一下子就活在点子上，有的人一辈子不着边际。那些一下子就活在点子上的人，才是天底下的有福之人，这样的有福之人，是上天的恩宠。一辈子不着边际的人真是太多了，个体生命中未经修持的罪性和未经哲学整理的私欲，都在帮助我们加入这支庞大的队伍之中。世界如此混乱，混乱到连目瞪口呆这种表情都已懒得去使用的程度，就是因为活不在点子上的人太多了。

做一个活在点子上的人，或者，做一个尽量往点子上靠近着活的人，没有比这件事情更值得我们去尝试。这需要我们首先做一个认识自己的人，然后才能认识别人，认识这个世界上物质与精神的关系。还得做一个有爱的能力的良善的人，没有爱的能力的人，想得到一个纯良的爱情，是奢望的事情，世界上也不存在这么不讲道理的事情。

» 励志教育与幽暗教育

有一天，与青岛口碑最好的小学——江苏路小学的董校长一起吃饭。董校长聊起现在小学生家长的一些所为，比如，有家长到学校找她，试图让她关照一下自己的孩子，让孩子也轮得到像别人那样做一回班长；有的家长对班主任老师说，也给自己的孩子一点机会，让孩子像那些课代表一样给老师端送作业本子；有的家长在家里甚至给孩子挂上横幅，上面写着“少壮不努力，老大徒伤悲”之类的名言。说白了，家长一直都在给心爱的孩子进行励志教育，一种让人心疼的泣血励志，可怜了天下的父母心。可是，我也感到，可怜了的还有原本娇嫩无比、原本天真烂漫的一颗颗少年之心。

“不要让孩子输在起跑线上。”家长们最去践行的就是这句话。这让我想起了我在小学时的一段记忆。我在学校里是个短跑冠军，天生有着不错的爆发力。有一年，我们学校要举办马拉松比赛，因为我跑得快，老师和同学们一致让我代表班级去参加。我也乐得去跑，以展示自己的速度。发令枪一响，我以第一名的速度跑在了最前面，在大家目及的视线里面，我一直在领跑。然后大家都在议论，这比赛的第一名大抵是我的了。跑着跑着，在没有观众观赏的跑步途中，我累了，累得比干了一天活的牛还喘息得紧。慢慢地，我慢了下来，让别人赶了上去……最后的结果特别搞笑，我竟然是最后一个跑到终点的，还是走着回去的。这让看好我的老师和同学十分诧异，也让我很难受，觉得真是丢人。

是的，人生是一场马拉松，不是百米冲刺。人生也不是一场比赛，而是沿途看风景。谁把风景看得最深最动情，看得灵魂出窍，谁才是个幸福的人。但是，人类的规则，不知怎的，成了比赛人生。所有的孩子们出生的哭声，几乎就是比赛的发令枪声，在家长的心中，小小的孩子已经加入了与他者的角逐。竞赛后的强者永远是有限的，第一名只有一个，亚军与季军已是失败。角马一样奔跑着的人生中，失败者竟是千军万马的分母的数额，那个第一名的冠军也根本不开心，或者，短暂即时的开心过后立刻进入竞技状态，以便不被后面的大队人马追得上去。这么多的人在失败中，得到的依旧是励志教育，就是用自己的一生吃奶的劲头，迎上去，追上去，能追多久就追多久。我儿时的那场具体的马拉松比赛，多么像人类竞技性生存的一个好玩的隐喻，那其中的残酷与荒诞，让我怎么也笑不起来。我看到多少个小小的我的奋力前行的身影，在梦中也扇动着翅膀，以至于忘了自己的生命原本是活着而不是竞技。我看到小小的我的那颗小小的心，因无力承担这种生存本质上的辽阔与坚硬而受伤，因长久的受伤而得不到真正的抚慰而绝望。

没有人有可能把活着那种因挫败而泣血的痛苦错过。那是一种把稚嫩的肉心放在岁月粗粝的磨刀石上来回划动的物理性效果，那伤口在我们的灵魂上绽放如花朵，花朵因励志而成琥珀。一枚忧伤的琥珀，一枚痛楚的琥珀。如果不是一枚幸福的琥珀，谁能体恤我们那颗本质上只能让平静与快乐才能养育的灵魂？

其实，我们最缺乏的不是励志教育，而是幽暗教育。

我们生来就会励自己的志。我们的祖先早已把我们的基因进化成自己的励志老师。比别人优秀，从来都是基因自动启动起来的欲望，像电脑程序一样安置在我们的生命之中。有一天，我和女友聊天，女友说起自己不努力的儿子来，显得有些愤怒。我说，其实你的儿子早就做成了他最努力的自己，他比你这个妈妈更想使自己过成一个最好的自己。聪明的女友透晓了这个道理，她不再用唠叨这种劣等的方式激励儿子了。其实，每一个人，都在拼自己小命地往前奔跑，基因的启动比来自他者的励志更加有效。一万个人就有一万个人的排列，那些排列在后面的人，不是因为不用力，而是所有的人都用力，也会呈现那样的竞技数字序列。只要我们评判成功的程序是这种外在竞技的排序，失败的界定必定就会导致这种现世的人心的错乱。

缺席的是幽暗教育。

“幽暗教育”这个词语，是我从学者陈政先生那里得到的。我的书籍《他传奇》，序言就是陈政先生写的。我在书中写了十二个世界顶级男人的传奇人生、传奇情色。陈政先生读完后，

感到悲凉。在这之前，他虽然对这些顶级男人已经存有心理准备，觉得他们不会十分完美，但依然会像沙漠中的胡杨，纵使完全干枯，也能够屹立不倒。而事实偏偏不是，那些在他生命经验中构建起的伟岸男人，大都一个一个在他眼前轰然倒下，让他莫名地体悟到一种深入骨髓的悲凉。陈政先生说：“就我们这一代人而言，受到的光明、励志教育太多，而几乎没有得到类似的幽暗、闲情的智慧照耀。”在书中我写道：顾城，这个写下“黑暗给了我黑色的眼睛/我却用它寻找光明”的童话诗人，他生命的最终却把自己变成一个魔鬼，这是他诗行中最最失败的一句。陈政先生却这样思考：顾城的悲剧是不是因为幽暗与闲情教育的缺席？

幽暗教育，按我的理解，就是认识生命自身黑暗的教育，认识整体生命罪性的教育，认识生命运行过程中必然发生的挫败感的直面教育，认知自己的有限的教育，并且，学会明亮而不是扭曲地面对这种有限。一种超越了同情心的同理心的教育。这是一种从外部世界进攻后的一种主动的退守，把生命的能量用于自己幽暗的内心，了解整体人类情绪生成的内在路径，了解自己各种复杂情绪的生成及运行规律。因为上帝和野兽在我们的肉体内毗邻而居，我们的身体横亘在上帝和魔鬼之间。如果我们不懂得本然情感的自动行使所必然产生的罪孽，我们的人生地图就必然会得到恶的涂染。

达尔文说，他的生命中的真实的智慧都是通过自学得来的。我认为，幽暗教育也大抵得通过我们生命的自我学习。尤其是在这个物欲横流的时代，这个物质与权势为显著标本的竞技时代，幽暗教育在应试教育中的缺席是显而易见的。集体性质的应试教育推广的大抵只是知识积累，生命智慧的习得大抵只能通过生命的自我冲撞。疼痛是生命课堂上的确凿教材，那些没有浪费掉生命疼痛的人会在伤口的溃疡之处，慢慢地开出智慧的花朵来。

幽暗教育是一种自我的教育，它不配合考试卷子上的统一答案，更不配合那种以群体为标本的外在江湖的规则与潜规则，尤其是价值观严重扭曲的时代。它所积累的学养，属于生命的哲学学养，它比那些驯养我们外在成功的东西贵重得多，也纯粹得多。它让我们的生命安稳和安静，而不是躁动和浮华。它让我们善良而不是冷漠，而善良，才是我们生命的食物。如果真正意义上的成功是最大限度地成为我们自己，那么，幽暗教育绝不能在这场生命的教育中缺席。

» 你不知道他们是怎么长起来的

有一天，家里的平台上需要动一个工程，请来一些干活的人，我留在家里给他们搭个手。时值酷夏，气温三十度，我给他们熬绿豆汤解暑。然后，我待在电脑前写作。

那一天我没有什么灵感。没有灵感的时候我通常是阅读，或者想事。我读李小洛的诗歌《我捏造的》：在离开这个世界之前／我还要捏造一个自己／我要把自己捏造得完美一些／要像一个英雄或者美女那样／站在人群的中央／让那些从身边走过的人／一抬头，就能看……我喜欢李小洛。读李小洛是容易伤感的，那是我需要的一种伤感。小洛的文字总会以她湿沉的自重纠正我轻浮着的心境，让我在瞬间沉潜下来，看清生命的实相。我日复一日地阅读、写书。我还在自己的书中表达，阅读大师们的文字是人世最好的事情，写作也是好得不得了的事情，可以开导自己超过那个低矮的自己。有些时候我真的被自己说得信以为真，有的时候不是的。理性有时候也是一个吹起来的皮球，被一根针一样细小的硬器一戳，那皮球就松软了。李小洛就像那个《画皮二》

里面周迅的那个灵异的手指，把漂亮的意义外面的那层皮剥了下来。

我知道，我一直在捏造一个我，我果真想把自己捏造成在广场的人群中，让别人一抬头就能看得到的一个我。为了这个我，我像只工蚁一样卖力气地建造自己的建筑，以便让别人认出这个建筑。我用写字的方式在做这只工蚁。如果我没能捏造一个自己的欲望，我根本用不着写字，我只读书就可以。读书让我享乐，写作让我受苦。写作的过程并不是个甜蜜的事情，反而是个艰苦的事情。如果没有写作之后看到自己成品的那份好感觉，写作是可疑的。我在捏造着写作的我，写作的我在捏造一个另外的我，我想让别人一抬头就能看到的我。事实就是这么回事儿。可是这又有什么呢？我就是不打算捏造一个让人抬头就能看到的我，又是个能有多大点意思的我呢？

我不知道自己是怎么被抛到这个世界上来的，也没有人和我招呼一声，问问我愿意不愿意。为这个我都不知道去起诉谁。但是，我被生了下来，成了造物的被造物。被造物天然地就有活着的本能。我还有死的本能，我的活着的本能天生地就强健于死的本能，尤其是我身体正值肥盛的时候。这使我显得无比热爱生活，愿意活着。其实，这都是基因在自动地行使着它的职责的结果，我的身体在为基因打工。世界天翻地覆，世界一直都在天翻地覆，像个万花筒在不停地翻转。我来到了天翻地覆至今天这个地步的世界上，跟着它如今的模式在生活。

我比古人们享受多得多的现代化的生活，我不用手洗衣服，不用上公用厕所。我享受有电灯的生活，我生孩子的时候剖宫产，打上麻药，像睡着了一样孩子就被生了下来。如果在古代，甚至在一百年前，我就得被捆绑着生割硬切地挨刀子，那可真是个酷刑。为这些好处我也不愿意活在古代，甚至一百年前。当然，活在当代的困难也是有的，我活在一个欲望繁多的时代，道德的底线一再地沉陷，已经低于地平线。我们都是这个欲望世界的施害者也是受害者，这样的时代，没有谁好意思说自己完全就是受害者。生活总是这样的，我时而不能承受生命的轻，时而不能承受生命的重。

我经常得找一些让我活得没有纠结的哲学来励志。有一些励志语言是互相悖论的，尽管它们都特别正确。那些提高女人修养的书籍教导我，说我活在人间但不属于它。这句话仿佛让我产生力量，觉得我连人间都不属于，这境界让我一达到，我就可以既不怕活也不怕死。今天我突然又复习了我所喜欢的何东的一句话：命运从来就没有可能被我们自己所掌控，更不可能被握在自己手里，因此，任何人所做能做的，就是从年轻而至衰老，逐渐觉悟（或不觉悟也成）到——人一出生就是接受天意而一步一步示弱自己而不拿自己跟命运逞强的全过程，人唯一有可能也可以去跟随的，那就是如何为“逐步示弱”的自己找一个合适的地方安放明白——仅此而已。因此又何来坚定——一个世上本来就没有的东西。我喜欢的这个老何东一下子也会让我泄气。我所鼓噪出来的这种坚定，根本就是世上没有的一种东西呵。

我一面给来我家干活的民工们烧绿豆汤，一面看他们干活。他们用肩背着二十块砖头爬上六楼来，脸上的汗比最大的雨还密集。他们干了一天的活，能挣个一百块的工钱。为了这样的生存，他们抛家弃子，来到不属于他们的城市。他们干活的时候只能专心致志地干活，那身体的力气只能支持着他们干好当下的活。他们能想到我刚才的绝望吗？假如他们知道我为那些形而上的东西而绝望，他们能怎么想？

突然就觉得，我这些经常的形而上的悲伤，这些经常被自己认为属于诗性的对于死亡美学的思绪，在这些大夏天里把汗珠子摔成八瓣的农民工面前，是不是有些矫情？

就在我瞎想这些的时候，一个作家朋友打来了电话。我与作家朋友交往十几年了，若干年前，他曾和她上小学的女儿来青岛玩。我们聊起他的女儿，突然间，他的女儿就长到了大学毕业。我觉得时光真是迅疾，这种参照下时光的迅疾真是让人恐怖。作家朋友说，更恐怖的是我们周围那些不认识的人，尤其是在一个陌生的地方看见的陌生人群，你不知道他们是怎么长起来的，你若听听他们给你讲的故事，他们自己的故事，都是一本绝顶有个性的小说。他说的那句“你不知道他们是怎么长起来的”让我心动，我觉得这是一种哲学的思维碎片。

是的，我们不知道别人是怎么长起来的。这是世界上最大的悬念，我在别人眼里也仿佛是如此来路不明。但是，有一点是可以肯定的，那就是，活下来的人，都处理过一些自己难忘的困难。一个死里逃生的朋友回忆起她当年的绝境时说，当年，她每天起来，最不敢走到窗前，尤其是不敢细看阳光下的窗外。因为每一个人都比她有希望，她遇到的每一个要饭的都比她富有，假如可以，她想和世界上任何一个人做交换，而世界上没有任何一个人愿意和她做交换，即使那些要饭的人。她躲过了那一劫。如今的她，活得旺盛，时有生活的喜感让她享用。可是，她是怎么处理了那些难忘的困难的呢？我们根本不知道别人的人生，可是，生命中那些各种各样的恸哭，我们是怎样哭得过来的？那些莫名其妙的孤独，那些不可救药的喜欢。人生是一场无法拒绝的前进。杜拉斯说，她写书，不仅在讲述一个故事，而是同时在讲述一切。是的，每一个人活着，不仅是在活成一个故事，而且是同时在活成一切各自不同又宿命同归的故事。人手一份的生活已经让我们应接不暇，除了自己拉扯自己成长起来，我们真的无法把多余的能量传递给别人。我们不知道别人是怎么长起来的。我们把自己捏造成现在的自己，对于我们自己，别人能知道什么？就如我们同样不知道别人是怎样把他们捏造成现在的自己的。

也许，这既是让我们恐怖的地方，也是这个世界的奇妙之处。也许，正是未知迷惑着我们一天一天卖力地活下去。生活才是一个史上最有悬念的电视连续剧，一天一天上演下去。没有人告诉我们第二天会发生什么，甚至下一分钟的剧情剧变都有可能。好奇使我们活得安全，甚至有趣。即使我们知道最没有悬念的就是我们的死亡，但是，谢天谢地，没有谁告诉我们最后的谜底在什么时候揭晓。死亡如此确凿，因为谜底的神秘，世人照样皆为利来，皆为利往，兴高采烈地捏造着自己，像自己永远不会死亡那样地去活，假装生活是件兴高采烈的事情。

» 闲情教育

励志教育最多地被我们使用。其实，与励志教育同样重要的，还有闲情教育。

我们的基因天然地储备着对自己的励志教育。我们需要做到最好，在所在的人群中最好。我们得到需求的满足真是太不够了，比现有得更多，比别人更多。而最多总归是个极小概率事件，和飞机从天上掉下来的概率差不多。我们外在的励志教育会把基因的这种“励志教育”发挥到极致。

我认识一个人，他家里的资产已经过亿，但他还是停不下来。每天，他极早地就迈出家门去工作，而他的工作具有求人合作的那么一种性质。他的工作绝对让他崩溃。让他的这种崩溃得以补偿的，是他的物质回报。他每月有上百万元的收入。尽管他的物质积累让他活十辈子都绰绰有余，但是他还是舍不得丢掉这些巨额的收入进项，舍不得让自己退出这种每天让自己焦头烂额、陪人吃喝的活计。当然，一般人是无法拒绝这种回报的，我们的基因在这些巨额的物质面前得到鼓动，物质的巨大收成形成的欲望让他开心，然后继续给他“再来一次”的启示，让他继续投入他根本喜欢不起来的压力之中。他活得不快乐。但是，他在人群中由于物质积累的显性庞大让他偶尔快乐，更重要的是让他显得很快乐，让别人认为他很快乐。他也乐意让别人这么认为。这样的人不少。在以大众为物质与权贵点头哈腰的价值观体系里面，太多的人都在这两个体系里面拼了命一样地建筑自己的身份符号，以抚慰自己的身份焦虑。

我一直认为生命最困难的事情，就是什么也不做。天底下最吓人的活法，就是把其生命关押在监狱里，最好是单人监狱。这也是为什么天底下最大的惩罚就是把人关进监狱的缘故。生命的力比多自个儿就会不停地运转，是它们让个体的生命像个没头苍蝇一样东撞西碰，让个体生命的情绪像个正在发作的心血管病患者的血压一样忽高忽低。于是，我们总得把这些与我们活着同样确凿的力比多打发出去。如果我们缺少了闲情逸趣，那些力比多一定会打发在物质欲望的获取之中，就算我们打着干好事业实现自我的旗号在干活，也属基因调动下的物质欲望的躁动这回事儿。有的人退休了，一下子没有下属可管了，一下子没有人前呼后拥了，他甚至会因此得病。因为他的管人欲望得到的虚荣回报一下子给撤销了，他极不适应。有的人甚至以生命不息发挥余热不止的方式再回到单位里面去。

说实话，这种人生命里面缺少了一种教育，就是闲情教育。

法国的一对心理学家夫妇写了一本书叫《无所事事的艺术》。当年胡因梦把这本书翻译过来，一下子就被很多人相中。这本书告诉我们：无所事事不是教你终日闲散，不做正事，而是让我们每日静下心来吸一口气，梳理纷乱的情绪，品尝宇宙万物的美妙滋味，找回心的宁静。以美丽慵懒松绑视觉的压力，以智慧易行的舒压方法，净化我们呼吸的空气。

我所理解的闲情教育，也是一种自我教育。这种教育，是向自然的艺术的回归。我们的生命原本生于自然，我们的生命原本是大自然里的一个艺术品。我们只有在自然之中、在艺术之中，才能接触地气，在本源之中得到喜悦。伦理的、制度的、秩序的东西是属于大众的，是社会人从属于群体人际的交往中需要驯服的一种生态环境，以便人人为我，我为人人，以便形成一种有红绿灯交通秩序效果的必要管制。而这种管制，是文明的进化结果，是目前的大众生存最接近群体理性的那么一种生态。但是，生命的幸福与喜悦，一定是从对生命穿越的温暖、善良、阳光的感情中获取的；一定是穿越生命的那种属灵的感情。闲情教育，是欢娱自己灵魂的一种教育，是从在物质与权贵的民众主流价值立场上看起来无以致用的一种教育。它看起来是一场对于人生的虚度，是无所事事。但是，如果一个人是属灵的，这灵魂的食物一定就是艺术，是自然，是爱情，是感情。一个人的灵魂有多渊博，他对灵性艺术的饥渴就有多巨大。一个饲养在艺术里面的生命有多欢娱呢？这也是庸众无力体味到的。生命里面的奢侈品，生命里面真正的钻石，上苍从来不在庸俗的灵魂之中赏赐，上苍也从不把这样的奢华在物质的价码中得以购买和体现。

一个人，必要的物质满足之后，必需的物质积累之后，那些有灵的生命一定会开始全方位地侍弄自己的灵魂，而不是花费宝贵的生命时间，继续在物质的积累之中。如果一个人花费巨额生命成本从事于物质的累加之中，那么，可以肯定，他一定没有一个饥饿于艺术与自然的灵魂。

创办了“好利来”蛋糕品牌的企业家罗红，若干年前，他把管理企业的大权交给别人，带着自己的同好去了世界各地摄影、游历。有一年，他去了自己喜爱的非洲十几次。为了能拍到一个珍稀动物的自然生态，他可以花一百万美元租下当地的直升机，去空中拍摄它们。罗红去了地球上的三极，他想知道的就是地球的奥秘。他的作为感动了非洲人民，他被评为“感动非洲的十位中国人”之一。生命的这份闲情，才是罗红生命本体的活法，他看到了地球上的奇峰异景，他怜惜了地球上的飞禽和走兽。他活着，刻骨地活着，纯然地活着。他幸福，因为他活成自己。他才是个大富翁。

王石，也是一位懂得如何闲情地活着的人。他数次登上珠穆朗玛峰，登上世界上其他的极品山峰。因为山峰就在那里，就在他所生活的地球上。他甚至从登山的险境中死里逃生，并在这样的死里逃生中涅槃了自己。他闲情，所以他存在，所以，他让我

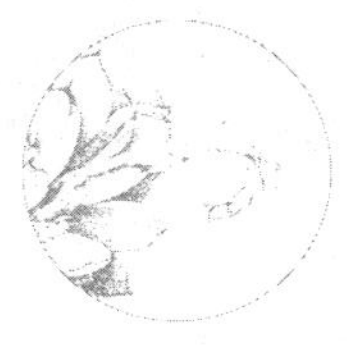

们尊重。

有哲学家说，无灵魂的生活就会大大失去人生的价值，无异于行尸走肉。是的，没有闲情的灵魂，没有被艺术蜜饯过的生命，要么终日角逐在人群的权力之中，实则逐臭而不自知；要么无聊得不知所做所云。说其是行尸走肉，其实真的没有什么好委屈的。

» 现实生活是最大的遗传

一天中发生了两件事，我把它们联系了起来。

去电台做了一个节目。节目叫“全城热恋”，是未婚男青年、女青年去找恋爱对象的，每次有三男和三女同去相识。这些男女青年真是年轻呵，也就是二十四五岁，最年轻的那一个才23岁。我是去做嘉宾的。我老了，说点过来人的话点评一下。这一期的话题是：如果恋爱中的你，悲伤时想分担的人和快乐时想分享的人不是同一个人，你会选择和谁共度一生？有一半的青年人觉得，如果悲伤时能分担的与快乐时能分享的不是同一个人，那么他们选择快乐时能分享的，因为他们悲伤的时候也不多，好像用不着分担什么。年轻人观瞻着自己前方的爱情，哪一个都觉得有能力把自己一贫如洗的情色关系侍弄好，假如有一个爱着的异性和他在一起的话。他们个个都认为只要两个人相亲相爱，聚在一起就是快乐的，时间也会是全部都给对方的，生活就是可以创造的，幸福就是在那里等着的。

我刚听着这些话的那一瞬，是诧异的。继而我就回忆我在他

们这个时段，青春正值怒放，愁也是有的，没有愁也拼命发愁，仅仅是为书写这生命的愁苦。这愁苦因而是有范儿的。就是有真的愁苦也是轻浅的，是一种不能懂晓的那种愁苦，这愁苦因为没有触及生命的破洞而有一种强赋的性质。古人早说："为赋新词强说愁。"说句好玩的话吧，那个时候我是真的以为我死不了呢，死亡是一个名词性质的东西，是老人的事情，我的现在和我的未来，隔得和永远一样远。我也想起我在他们这个年纪，对于爱情和前方的生活，我是那样有情怀呵，真是连诗歌都不足以把它们表白出来。王蒙先生那句诗歌是这样的：所有的日子都来吧/让我编织你们/用青春的金线。对，我所使用的就是这个激情，连成色都是一样的。我从来没能怀疑过我将要遇到的爱情，那个人就是现在在爪哇国里也一定会碰到我，碰到我就一定能认出我。别人所说的那种情色的无聊与坎坷，那种横流的物欲，和我的爱情又有什么关系？

我家养了条大狗，叫黑格尔，七岁了。黑格尔的儿子叫黑塞，才半岁。这小黑塞每天乐呵呵的。东瞅瞅，西看看，充满了对生活的喜欢。领着黑格尔和黑塞去散步，那小黑塞因为年轻，连躲车都不会，有一次，被汽车撞上，鼻子都出血了。这小子没有死过呵，真是无知者无畏。有一次，与别的狗抢骨头吃，它自己有一块，还想要别的狗那一块，差点被对方咬死。生活正在一点一点地教训着小黑塞，它还要因自己必然的浅弱与天真，而挨更多的来自生活的揍呢。黑格尔就聪明多了。黑格尔在狗狗学校受过训练，懂得一些做狗的规矩。当然，更大的生命训练来自日常生活，来自日复一日它与人与狗的相处。相处中的磨损和相处中的昵近。它来世已久了，见识多了，那眼神也因此充满了复杂的味道，看人都像个哲学家，深情和忧郁都在里面。这样的眼神，一定是因为，黑格尔处理过自己生命中难忘的困难。这岁月的磨砺是针对所有生命的，连狗狗都能浸润得到。

植物们也是。春天的植物是怎样的形状和色彩，肥肥美美的，花朵和大叶子，全都是一腔奔赴恋爱的模样，像青春那张光洁的面孔。时光把植物们挪移到秋天，花朵们早就化成泥土了，据说是重返了大地母亲的怀抱。叶子们披挂着的，是一脸的老黄色。叶子们正在修持着自己，准备奔赴别的地方，把自己的生命腾出来，让可栖自己生命的枝干枯空下来，准备迎接下一茬生命。是的，为了让下一代逢春，植物们必须把自己修炼成浑身破碎的模样，还要以风尘女子坠楼那样飘柔的姿态从枝干上落下来，形成浩荡的落叶之壮美。没有这样的生命力量，秋天的壮美从何而来？

所有的叶子是同一片叶子，所有的叶子也不是同一片叶子。所有的生命是同一个生命，所有的生命也不是同一个生命。

那一天，我还读了我所喜欢的作家鬼子的文章《以自己的方式思考底层生活的痛》。这是鬼子去北京大学的演讲稿。鬼子的开场白就是：我是一个不太喜欢说话的作家。呵呵，他这么智慧的一个人，满肚子里的语言，不知什么时候，他不喜欢说话了，生活让他越来越不喜欢说话了。鬼子不向同学们表达什么，励志什么，他给他们讲一个故事，是他村子里的故事。

鬼子所在的村子叫堡村。他们的村子，2006年以前，曾前前后后地出过好几个精神病。但是，村子里的人都不愿意把这些有病的人放在自己村人的头上，村民们就是愿意相信，这种病人都是从别的村里遗传而来的，遗传的源头是别人。那些患了病的人，有的是到外边去生了孩子带回来的，有的是外边村里的男人上门后传染给他们村人的。反正，村里的人不管谁患了精神病，人们总能找到他们的家庭中或者祖上遗传的来龙去脉。可是后来，有一个故事发生了，就是说，有一个老女人得了神经病。这老女人命硬得很。年轻的时候她结婚，丈夫是外来的，这男的很能干，因为能干，让人给害死了，尸体被扔到村前一条大河里漂了近百里地才被打捞上来。女人与丈夫生了五个男孩子。在农村，五个男孩子给一个家庭的未来所带来的势力是很雄厚的，可是，在女人这里却偏偏出了意外。这五个男孩子，成家的和没有成家的，竟然，一个一个一个一个一个，家庭全都出问题了，有的病死了，有的挖煤时瓦斯爆炸被烧死了，有的妻子跑了……她老了的时候，这个家中的女人就剩下她一个了。她疯了。有人说，她就是这样突然疯了；有人说，她就是这样慢慢地疯掉了。

面对这样的女人，这个女人的精神疾病，全村人怎么找外村人的源头也没有找出去，她就是真正的堡村人呵，她就是死去的自己孩子的源头。村子里的人这一次哑口无言了。更要命的是，村子里的人终于承认，原来精神病不一定都是遗传的，如果一定要说与遗传有关，那么现实生活可能就是最大的遗传。鬼子分析：那么是否可以说，原来的那些精神病人，他们的祖上在得精神病的时候，也并非就是来源于他们的祖上，而是因为最早的现实和生活的压迫？

现实生活是最大的遗传！对我而言，这是一句震耳欲聋的话语！它响亮得石破天惊！

鬼子认为，这样的事情只是现实的故事，还不是一个文学的故事，文学的故事除了包括这现实的故事，还应该有一些更有力量的东西在里面，否则我们的生活就可以不再需要文学，只要生活本身就成了。鬼子还说，他之所以拿这件事来顶替想说的话，是因为这件事的本身，比较接近他个人对文学精神的某一种理解。

我想起悲剧哲学家叔本华的论述。我们年轻的时候，静坐在我们的生活面前，就像小孩儿静坐在尚未拉开的舞台帷幕前，对即将上演的一切，充满了幸福和热情的期待。幸运的是，我们实际上并不知道将会发生什么。对那些知道确实会发生什么的人来说，孩子们就像那些天真的罪犯一样，被判处的并不是死罪而是继续活着，但他们自己还不知道等待着的惩罚将是什么。现在我明白了，他们等待着的，就是现实生活即将要遗传的疾病。岁月是一种遗传基因，它什么病都敢遗传。现实生活具体的遗传，比鬼子的讲述会更精准。

我再想重复一遍这句有劲的话：现实生活是最大的遗传！我的一生所想知道的所有的事，都可以被这句话所概括。

第三辑

女人，不要浪费了自己的受伤

» 每个女人其实都是独身女人

生活中有一定数量的独身女人，这个世界尤其会有。她们是暂时没有找到爱情的女人。她们还在怀抱着期望找。女人长到一定的岁数，倘若她们没有找到情感的归宿，成为独身女人的几率就加倍提高了。男人们很难成为独身男人，男人们长到多老，也总会找到比他小的女人。男人们丧妻或者离婚也容易找到新的女人。这是这个世界提供给男人的极大好处之一。男权社会嘛。

独身女人除了“自由”这么个好处，坏处也不少，最重要的是自己的身体和灵魂没有一个着落之处。而人是关系的动物，人需要与其他人达成关系，尤其是达成男女情爱关系。独身女人的自由是一种沉重的自由。独身女人要多少就有多少的所谓的“自由”，对于灵魂还没有长结实，生命的成长还远没有坚实的女人来说，径直地会导致女人的寂寞和孤独。只有极少数的独身女人，才有可能把这样的孤独发育成孤绝。而孤绝，可以让一个内心有灵性、有神性的女人获得更高境界的自由。

更多的女人长到一定的岁数就会有了情爱。她们与自己的男人成双成对，男欢女爱，生儿育女。城市的夜晚，灯红酒绿，最热闹的地方就是酒店歌厅，男人和女人凑在一起，把酒吟唱，仿佛友谊天长地久。仿佛我们在这个世界上有那么多的亲人友人，仿佛我们都不孤独。

可是，青岛诗人邵竹君曾经在对女诗人伊蕾的诗歌评论中，说了这样的话：其实每个女人都是独身女人。

邵竹君所说的独身女人，是指女人的精神成长几乎是独自的。爱情与婚姻给了女人一些家的感觉和踏实，给了女人摘下社会面具的地方（这是好运的女人。不好运的女人，家庭甚至是压迫女人精神的地方）。是的，女人灵魂的成长几乎是个人的事情，女人成长中的疼痛没有人可以代替。爱情和亲情可以给女人的疼痛以某种程度上的关照与抚慰，可是，没有任何人可以代替一个女人的成长与疼痛。同样，女人的欢娱也是属于女人自己的，生命中偶然间被赐予的灵魂里面巨大的欢娱。从这个意义上说，所有的女人都是独身女人。

当年，龙应台看着父亲在棺木里面的遗体缓缓滑向火葬场的炉门，她感慨万千。她写道：所谓父子一场，只不过意味着，你和他的缘分就是今生今世不断地在目送他的背影渐行渐远，你站立在小路的这一端，看着他逐渐消失在小路转弯的地方，而且他用背影默默告诉你：不必送。

龙应台还说，有些事，只能一个人做，有些关，只能一个人过，有些路，只能一个人走——即使回顾苍茫，唯有目送。

是的，女人的人生，很多重要的事情，只能一个人做；很多重要的关口，只能一个人过；很多重要的险途，只能一个人走。假如一个幸运的女人有一个真爱她的男人，这个男人又有力量提升她的灵魂，那么，这个男人或许可以做她生命中的好学校，陪伴她做好事情，走好关口，渡好险途。在人生最重要的事情上，比如生与死，比如承担对于未知的恐怖，最重要的爱人也只能目送她前行。从这个意义上说，所有的女人都是独身女人。

» 此生应该纠正的是自己的愤怒

海明威结过四次婚，结识过很多的女人。这个事实作为海明威生命史的结实部分被广为人知。我和女友们凑在一起谈论海明威，总会说到他的过于泛滥的情史。很长时间我都带着一种受伤女性群体的那么一种情绪面对海明威。那是一些爱他爱得要命的女人呵，他却像镰刀伤害青草一样地伤害了她们。毕加索也是这样的。他对女人的伤害也让我长久欷歔。

直到有一天，女作家也鸣看了我写毕加索的长文之后给我发来邮件。她写道："喜欢其中的一个比喻'作为太阳的毕加索'。这个意义上的毕加索，就有资格做任何凡俗人不敢去做没有能耐去做的事情了。三情四意才到哪里。这种天才是不可以用'社会'这个最没有创意的地方来限制的。倒是是否可以换一种角度去看那些女子，她们接近太阳的欲望，不正是不可遏制地被太阳吸引、想以太阳的光辉来涂染自己？正是因为她们的分量太弱，不足以抗衡太阳，所以，一个又一个，纷纷地被烧成灰烬了。毕加索一生画了三万七千张画，这个事实本身，已经将一个天才完全量化了，也使他可以演绎出最出格的故事而依然被千秋万代的人们景仰。”也鸣是我最尊崇的有思想的女作家之一，她是我一生的灵魂朋友。她的话让我对毕加索的强势情色无话可说。还有海明威。我开始对他的强势情色也无话可说。

我们在艺术上和智慧上极大地赏悦着天才海明威带给自己的精神快感。须知，制造出这种快感的，是我们这些平凡之人远远不知道的一颗丰饶到例外的灵魂呵。我们却在这颗灵魂之中要求着另外一些和我们一样的东西。比如，那些和我们的灵魂体量相匹配的所谓的道德和纪律。须知，看待情色这个极其复杂的混乱宇宙，支配情色这个曲径通幽的神秘密林，海明威同样使用的是他的那一颗体量过于硕大的灵魂。他的这颗灵魂在里面经历了什么我们是不知道的。我们却以为是知道的。我们拿我们看到的东西来假如是他看到的东西。还有，天才的萨特和天才的波伏娃选择的情色生活，我们根本是不知道的。关于天才，我们拿社会这个最没有创意的地方来衡量他们，也许不是明智的。洁尘也曾述说过她心中的塞林格：一个背对世界的人，他所做出的一切她都是理解的。

还有，性。文化上的性和生物上的性，一说它，最容易被我们想成是同一种东西。其实，就像人的智慧水准差之千里一样，个体之间的性能量也是千差万别的。千差万别的男人的性和千差万别的女人的性，所构成的男女情色案例太繁杂了。而人们对它们的解释却试图是统一的，还试图使用统一的道德名义。拉罗什夫科说，人人都抱怨缺乏记忆力，但没有一个人抱怨缺乏健全的判断力。法国作家夏多布里昂在29岁的时候就告诉自己，此生应该纠正的是人生的愤怒。是的，我们在没有达成健全的判断力之前，最该节制的也许正是自己在很多事情上所作出的自以为是的实则是混乱的判断。我们应该警惕的，也许是因为自己混乱的判断而导致出来的所谓的愤怒，哪怕这种愤怒在样式上显得多么义正词严。

在这个世界上，情色领域里面的混乱，什么时候都超过战争时代的兵荒马乱。永远是，我们不知道的实相比我们知道的实相多得多。

女人，天生就是情色领域的弱者，无论是体力上还是世俗文化上，女人在整体上的弱势地位是不可争辩的。即使有少数女性在情色领域占了强势，某些女人甚至看起来比男人活得更漂亮，也绝难更改这种群体上的弱势。这是个事实，比钢还硬。女人因此尤其应该在情色这个花哨又具有毁灭力量的领域里面培植起自己的坚强，比男人更多地培植起自己命里的坚强。在绝有可能的情感危机发生的时候，停止自己的抱怨和想当然中的评判。女人要做的，应当是观察自己的情绪，纠正自己的愤怒和对愤怒的依恋，不让病态的情绪掌控了自己。女人必须首先让自己发育成圆满的人，一个人也能活得不错的人，然后才是女人。

» 男人坏？女人坏？

男人很容易得到女人的抱怨。女人一抱怨，就会说，男人没有一个是好东西。男人有时也承认，说男人往往比女人更坏。当然了，这事儿说的大抵是情色领域。无论男人和女人都会以为，在男女的这个领域里面，女人比男人更容易受到伤害，更容易让这事儿把自己弄得凄惨。

男女这件事，按照坊间说法，似乎是男人更愿意参与其中，在数量上男人出轨的一定比女人多。男人包二奶乃至包三奶的多；男人老了还可以花心，女人老了色衰了，不仅男人不愿意色情她了，她自己也会知趣地退出情场。现实好像是这么回事儿。可是，我一直对这个说法很有疑问，因为我从简单的统计学去考量，大凡男女情色，一个男人一定是和一个女人发生情色事件嘛。就是一个男人和几个女人有情色瓜葛，更说明女人也是积极地参与到明着的或者暗着的情色之中去了嘛。从总的数量上和总的时间上，男人和女人一定是同等地搞腾了这件事。如果在情色之事上男人可以比女人有更多的年龄优势，而这事儿又是一对

一，那么是不是可以确定，年轻的女人比年轻的男人更多地在经历这件事情呢？为什么就说男人比女人更坏呢？

有一次，在饭局上大家伙儿谈起这件事儿。一个男作家说，他是男的，他懂得男人。男权社会，男人总体上挣钱多，在社会上权力大，而且，在情色之事上传统地要求女人要恻隐一些，就是一个女人看好一个男人，也是暗示得多，主动表达得少。男人天生就是进攻型的动物，男女情色之事，男人挑起事端得多。因为情色之事是天底下最难侍弄的事，它具备天底下最高的失败率。而男女情色化成害虫之时，始作俑者又多是男人制造的，所以在这件事情上被动受伤的女人就多。还有，相对于男人，女人更容易把爱情当事业去对待，心灵和身体不容易分开，女人一旦爱了，就会很上心。而男人则是把成功当成事业的物种，预备了自己的成功的同时也就顺便预备了青睐他的女人。所以，男人只把情色之事当成是自己生命的一部分。就是说，男人比女人更容易把性与爱分开来。所以，当情色之事破损，女人的受伤远比男人的受伤厉害得多，修复这种伤痕需要的时间和能量也要比男人多。

男人坏，女人其实也好不到哪里去。因为男人和女人的原罪是同等的，还因为男人和女人同等程度地疼爱着那个叫“自我”的东西。影评家王书亚因此说：“我们呢，那最不可爱的自己都爱得死去活来。”扪起心来，我们关照一下真实的自己，我们内心的罪责其实有多么深重。男人如此，女人也绝不例外。因为虚弱，因为虚无，因为孤独，男人和女人都想逃到有着毒品功能的男女情色里面去，这一点的需求程度完全是一样的。无非是男权的社会性和女人的阴柔性质让女人更容易在情色中受伤。

正因为如此，女人更应该在这件事情上警惕自己，比男人更多地培植起在其中受伤后的承担力量。假如真的在情色中受伤了，女人首先要做的不是骂男人有多坏，不是一味地反复地怜惜自己，而是用比预想更多的力量，有能力去迎接自己的受伤。这是一门女人必须去修持的功课。无论这门功课在现实中能不能派上用场，对于一个女人来说，预备了这种智慧，都是绝顶重要的。

» 你的情色化成了蝶还是化成了苍蝇

天底下大凡男女之私事，都被当事者或者别人称之为“爱情”。这果真委屈了“爱情”这件事。上帝原创“爱情”这件伟大的事情之时，其实根本就不是给天底下的亚当和夏娃预备的，上帝只是给了极少数良善、智慧、通达的男人和女人预备了这事儿，而且，这么杰出的男人和女人还得同时在正确的时间、正确的地点遇上。这真比一天遇到两次车祸都难。当年上帝创造夏娃，只不过是给他的儿子亚当做个伴儿，以便让儿子不空虚、不孤单。亚当和夏娃吃了智慧果，便有了羞耻心，有了原罪。携带着原罪的男人和女人是难以把爱情这么洁净的好东西给予对方的，因为他或者她连自己的日子都过得寒碜，上哪里把心灵多余的温暖送人呢。

倒是情色之事，天底下有的是。这事儿要求简单，一雌一雄就能办得成。身体发育到一定的份儿，就有了干这事儿的欲望。普天之下永远不用担心人类会绝种，就是因为这个原因。所以，天底下的男人和女人，身体与身体的寻找就成了一件朝思暮想的大事儿。我的一个女诗人朋友曾写道：一生用来出轨和走神。这话儿太真实了，真实得让一生预备着出轨和走神的人不好意思承认它。当然，出轨和走神是得有资本和机缘的，男人和女人，没有身体上和思想上的仨瓜俩枣，想对一个心仪的人出轨、想对一个仰慕的人走神，只能落得个出轨未遂、走神未遂。

情色与爱情在模样上长得太像了，简直就是双胞胎。可这姊妹俩的内质太不一样了。打一个通俗点的比方，如果情色的内质长得是邻家女孩的模样，那爱情一定得有超级美女赫本的长相，可是，天底下的赫本只有一个。这个比方其实也把爱情庸俗化、外在化了。我其实想表达的是爱情内里的那种智慧、那种通畅、那种结合出来的品质。

前两天看菊开那夜的文章，说的是梁山伯与祝英台化蝶之事。情色之事化为蝶，在音乐里面和我们的今生来世美好地飞，天底下也只有梁山伯与祝英台呀。才女李碧华也曾说，男人和女人的情色之事，更多的是化成了蟑螂和苍蝇。我想再狠心地补充一下：若是祝英台真是嫁了梁山伯，那木讷得三年都认不出祝英台真身的傻小子，其实也不过如此；他们不死，蝶也是化不出来的呢；能化成什么怪物，谁知道呢。

于是，我们看到了成群的化成了苍蝇的情色之事，用它们难闻的遗骸、难听的低音来骚扰我们。我们躲闪不及。我们的鼻子和耳朵真是跟着受委屈。它们变成了报纸上的情感故事；变成了电视上的心理访谈。生活用这样的方式来为成型了的苍蝇遗体开追悼会。更多的男人和女人把它们憋屈在心里，变成毒药来伤害自己；化为人生的苍凉和难以言尽的生命苦难。

天底下那些有幸让自己的情色之事化成了蝶的男人和女人，才是这个世界上最幸福的人。他们因爱情而让自己的生命有了异常瑰丽的气象。他们完全有理由承认自己没有白来世上一回。他们的内心中果真有一只两人生命做成的蝴蝶在舞，在飞。这等幸福的人是罕见的，类似于在彩票买卖中中了大奖的那一个。还有少数人的情色之事其结局也行，我把它们说成是安乐死。这样的男人和女人也算得上是走运的，类似于在彩票中得了二等奖，能免费搬回家一台电视机或者电脑什么的。在这些人之中，他和她或许分手了，把祝福送给对方；或许把灼人的情感被迫转移成那种叫作亲情的东西，以相依为命的方式度余生。至于那些把自己的情色之事化成蟑螂或是苍蝇的男人和女人，已经够倒霉的了（虽然这等倒霉的人绝不是少数），其实也得想开点，那些在彩票买卖中什么也没有中奖的，也没有什么值得大惊小怪的嘛。

» 女人，不要浪费了自己的受伤

王朔对女儿说：你就是我的私，我做自私考虑时都把你包括进来。面对自己生命的“私”，王朔告诉女儿：永远不要依靠一个男人；就算你对一个男人爱得要命，失去了他，也千万不要为他殉情。

爱上，爱过，爱到丧失自己，爱到殉情。一个女人做出这样的傻事并不出乎意料。做这等傻事的时候，女人是不知道这是傻事的，女人会以生命中特等的认真，认为这是生命中最值得去痛苦的事情。

王朔这么对女儿说，是因为王朔说“我太知道男人是怎么回事了”。我们听明白了，王朔说的是他特明白男人是怎么使用他们的欲望的，或者说欲望是怎么使用男人的。

在情色领域，为什么男人显得那么容易做坏事，容易辜负女人？这是因为社会的情色文化有着对男人显而易见的青睐。男人整体上掌控着权势，而权势是男人的春药。还有，男人可以和比小自己很多的女人相好，有着这等年龄差别的男女情色甚至是有

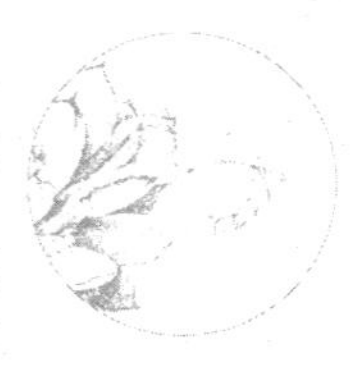

着生物学上的优势的。所以，男人放掉一个和他经历了老旧的情色关系的女人，正好来得及和一个更年轻的女人相好。男人这样的选择在概率上有着太明显的优势了。他们有着更多的成功概率去刷新失败掉的情色。

再看看女人，在整体上，她们大抵只能和年龄比自己大的男人相好。一个女人到了三十岁，在男人的丛林中哪里还能找得到形只影单的还算像样的男人的叶子？如今剩女越来越多，剩女，甚至在当今这个社会上了字典上的词条，就是因为剩女比剩男多，是个货真价实证据确凿的事情。若是女人找到比自己小的男人和男人找到比自己小的女人一样顺然，那么，剩男和剩女就该一样多。

我是女人，我想学着男人王朔的语气说一句话：我太了解女人是怎么回事了。我一直以为，男人在情色上面占尽便宜，不是因为女人比男人更善良，或者更珍惜情感，而是因为情色文化对于女人的不利。假如上苍把情色文化的青睐倾向给女人，让女人有情色上的主动权，让女人可以对小她很多的男人花心，我敢说，跑到电视上哭哭咧咧的一定会是更多的男人。在世面上留下来的一定会是更多的单男。

人性里面的善与恶从来都有。男人和女人都有。欲望时代，物质欲望和情色欲望，更多地调动了人性里面的恶。这是哲学也是生物学逻辑。女人天生就是情色里面的弱者，女人在这个物质时代里面的受伤，会更加触目惊心。

这其实是人类社会情色文化演变而来的一种现实，一种命运式的东西。没有什么可较劲的。人类社会从来没有什么真正平等过。如果有平等，我认为那就是男人和女人都有着在生活中像炼金一样修持自我的那种平等。

人的欲望靠近什么，就会受苦于什么。这是最接近真理的东西。男人接近名利色，注定受苦于它们；女人最容易把爱情当成自己的事业，注定受苦于爱情。年轻女人在自己营造的爱情路上奔走，怀着极高的期望和极低的智商，在男人与女人的欲望悖论和无解的难题中穿行，内心的受伤是注定的。没有女人能够逃脱成长的痛苦，在这个问题上谁也别矫情。但是，一个女人最对得起自己的作为，就是不要浪费了自己曾经的受苦，要对得起自己曾经的受伤。要在受伤中完成自由和超越的自己。如果一个穿越了岁月的女人依然肤浅，除了喋喋不休的抱怨就是指责命运的不公，不知道一个人心灵的生态其实完全指望自己的智慧去建树，而不是指望其他任何人，包括男人，那么，她就真的是一个浪费了自己苦难的可怜人。

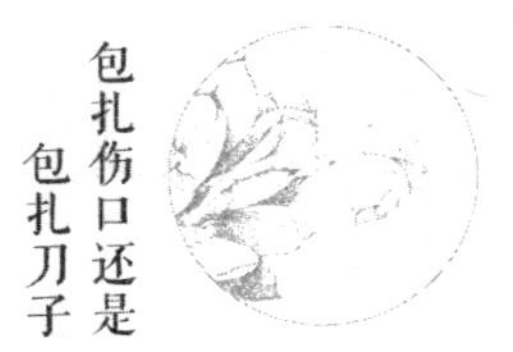

» 女人，有爱无爱、有钱无钱都是利润

生命是肉做的，世界是石块一样坚硬的。这样的物理现状注定了肉身的人在现实生活中受伤的必然性。这样的现实注定了肉身成活在物质世界上的苦弱。每个人在未成熟时就像没有穿衣服在冰天雪地里游走的孩子一样，很容易受到伤害。那些被伤害的记忆和经历未经过包扎就草草埋藏在了我们的记忆深处，成为我们的潜意识。在以后的经历中一遇到这样的境遇，我们受过伤的感觉就会再次在我们的生命中复苏，疼痛就会再次回来。心理学家把这样受伤的积累叫作“痛苦之身”。

这就是每一个人的成长之路，没有人可以回避得了。

因为我们积累了足够多的“痛苦之身”，所以男人和女人活得不痛快简直就是一件顺其自然的事情。男人们便像投身于革命那样投身于权力与金钱，试图转移自己对于“痛苦之身”的关注。赢得了权力或者金钱，男人们几乎就可以赢得女人的情色。女人们更多的是试图在这个世界上找到一个依傍来踏实自己的身心，以慰藉自己的“痛苦之身”。千百年来，女人生命的遗传物质一代代传下来，特别容易把这样的依傍确定在男人身上。就是那些在社会上有钱、有权、有文凭显得不错的女人，也愿意把这些东西当成自己贵重生命的砝码，以便被一个金老公而不是铜老公娶回家。

我说的是男人和女人的生命本能所沿袭下来的红尘生活。这样的本能未经智性的审视。于是，每一个对外部世界或者外部生命足够依赖的人，是怎样地以顽强的自我意识，在原本悖论的生活原生态之中，产生更加扭曲的悖论生活。被扭曲的不仅是看不见的试图以面具示人的我们的肉身，被扭曲的是我们的比肉身更有痛感的心灵。人类心灵的疼痛比卡拉OK歌厅里面的吆喝声更加歇斯底里。

在古代，“自我”是一个凶器的名字，它锋利无比，擅长伤及旁人，更擅长伤及自己。一个男人和一个女人，如果其内心的宇宙是冲突的，他或她就特别容易把生命能量以外部寻找的方式去挥发，以使这种冲突丧失掉。这其实是天方夜谭。把生命能量投身到外部世界，那一个个“自我”便像凶器去发挥其作用了。这样的“自我”以什么名义去行事都是没用的，都会伤及旁人及自身。以事业的名义，以爱情的名义都不行。于是，我们看到了大量的携带着混乱心灵在职场上、在人际关系中行事扭曲的人；我们看到了多少情色关系卖力气地把貌似蝴蝶的感情化成了害虫。

我们知道上帝创造生命时原本是一个雌雄同体的。是上帝把这个雌雄同体的生命从中间割裂开，然后把它们扔在人海之中，让他和她互相寻找。我们还被告之，找不到自己的另一半，我们的生命就无幸福可言。可是，这样的寻找无异于大海捞针。这是不是可以说，找到爱情的幸福无异于大海捞针？可是，我却听到香港心灵讲师素黑这样去说这事儿："为什么好端端的雌雄同体要分开——因为只有这样，人才可能在灵性上进化。你失落的另一半，并不是为了向外找，而是要向内找，即从自己的生命中去寻找。没有自己生命的再次完整，你永远不可能真的去爱。每次你尝试去爱，结果只能是伤害，对人对自己。"

三月里有一个女人著名的节日。我愿意姐妹们把这个日子用来回味一下我们的生命。这样的回味比向男人们讨得一份好看的玫瑰要实惠得多。

我认为，女人最重要的工作不是向外的寻求，不是再去幻想这个大千世界上存在一个能负担起自己幸福的人。女人最重要的工作是把自己的情绪管理得健康，把伤害我们内心的冲突减得少而又少。我们的情绪管理得好了，我们的工作与人际关系就会自动地通畅起来。我还愿意积攒出这样的生命力量，那就是：生活给了我们什么样的现状，我们的身边有男人还是没有男人，钱多或钱少，我们都可以把日子过得静好。我们活着的每一天，都是生命给我们的利润。苦与乐都是利润。有爱无爱都是利润。我还相信，一个通达的女人肯定会比拧巴的女人更能得到生命超值的利润，这超值的利润当然包括爱情和健康。

» 别再标榜自己是水做的

作家石康写过一篇文章，题目是《读不懂的一句话：女人是水做的》。石康认为，如果从生物意义上说女人是水做的，那男人也是水做的呀，连七星瓢虫都是水做的呢；如果从性格角度讲女人是水做的，那悍妇也有的是呀。我其实是知道石康说这话的用意的，就是因为他听够了女人们总愿意絮叨的这句话，把它用来反衬男人又坏、又混、又恶棍的那种群体意味，特别是在两性关系上。

这些年电视上不断有“倾诉”类的节目在推出。上去诉说自己不幸的90%是女的；其中90%的不幸事件是女人在恋爱婚姻上出现了问题。这显得在诸多情色事件上，女人多么容易破损，男人多么容易是个浑球儿。

早些年我也愿意絮叨女人是水做的这句话，自己的心情一不好就用上它了，总觉得被谁辜负了。其实那是因为自己生命的承担力弱小，没有力气知道人性的深浅，便把这样的情绪拿出来做出自己的抵抗。现在不做这事了。现在知道男人与女人的不同了。现在知道男人与女人欲望走向的不同，而欲望能量是相同的。

男人天然地趋向于把生命能量对准外部世界。男人的生命职能是猎狩，是争夺，是占领。女人天然地更倾向于把能量注入个体的情感。诗人们又愿意把这样的情感叫作“爱情”。其实这样的趋向与远古遗传物质一代一代的传递有关。远古的时候男人们如果不强壮，不猎狩，人类就不会活下来。在那等贫乏的环境下，远古的女人们如果不悉心守护家园，弄儿持家，人类悠远地走到今天也难以取得护养支持。今天的外部环境变了，物质状况变了，可生命遗传物质的状态还一时更新不了。

这两天系统地读了今年诺贝尔文学奖得主莱辛的作品。悠远的莱辛不仅在文字的新颖上让我流连，在男女情感的表述上更让我沉思。莱辛以为，寻求自由的女性必然要付出代价，所以她认了。就算男人比女人更出色地使用了自己的花心权和情色事件的制造权，莱辛也没有把女性因此受伤的责任一股脑地推在男人们放荡的天性上。她宁愿把剖析的手术刀对准女人自己。她宁愿反讽自己。女人的不幸可以解剖，但不可以用来怨诉。女人们必须正视自己渴望被爱的天性，并且接受这样的天性极度可能招致情感的不幸。莱辛的文字里展露了义无反顾的爱情，还有因此而招致的意料之中的背叛。这其实是女人们行进在情色欲望之中显而易见的命运。

把能量投射到外部世界的男人们，命运同样以另外的方式给了他们绝不出乎意料的结局，那就是从外部世界反弹回来的沧桑、凉薄、不值与失败。其实，男人与女人欲望的取向没有什么好与不好，没有什么圣洁与卑鄙。只要是私我的欲望，结局早已被上苍规定了而已。

有诗人曾这样表达：我们分头去生活，分头去死，分头去发疯。寂寞如果不收拾我们，那么仍会有男人或女人来收拾我们。这就是红男绿女的生活。无论生活目标被我们制定得多么高拔，显得多么有意义，寂寞、无聊和解不开的情色纠葛都会适时地来收拾我们。这就是我们肉身的困惑。女人们，我们不是水做的，男人们也不是水做的。我们是欲望做的。男人们也是欲望做的。我们要想活得明白一些，首先要解决的是剖析自己的欲望问题，明白欲望永不止息的繁衍对我们实质上的伤害，而不是怨怼男人。是的，这是个男权社会，这样的社会给了男人们更多的机会和主动权。可是，这依然不是我们怨怼男人的理由。因为怨怼是没用的。不如我们把怨怼男人的时间，用来关注自己真正的需求，用来长一点自己生命的承担力气。

» 诺言是用来背叛的

我从来没有见过一个履行过所有承诺的人。大到承诺爱情，小到酒桌上承诺各种小情小事。这就使得我对“承诺”这个词产生了很多的想法。我们长到一定程度，吃过很多的亏，才知道承诺根本不是必须用来去实现的。如果谁想让自己失望，谁就去较真地追究别人承诺的结果就行了。

曾经，某一明星主持人和某富豪一见钟情，一个月零三天就准备结婚了。他们两人对外宣言：从开始到现在，如果非要说我们俩之间的变化，那就是——爱，更爱，更加爱。三个月后，他们就不好了。第二年，他们俩离婚了。

可以想象，当初爱到他俩那个程度，一定会言不由衷地互相说出许多的诺言。那个时候如果没有诺言，该怎样表达即将要爆炸的情爱激情？没有诺言，体内的力比多该用什么妥当的方式得以安静下来？当时说出的诺言因过于真实，以至于他俩办理了格外醒目的婚礼。他们要让婚礼的规模见证他们许下的承诺该是多么地经得起担当。没有必要去怀疑这份诺言的真实性。在那个当下，那个诺言该是何等地表达了相爱者的心境。是的，我说的是那个叫“当下”的时刻。诺言其实只管理当下那个时刻的真实性。时间早已离开了那个当下，即使当事的两个人离婚了，我们也没有必要怀疑当初那个当下诺言的真实性。

离开了说出诺言的那个时间，所有叫“诺言”的那个东西，大抵都是用来背叛的。

后来的厌倦也是真的，一如当初的承诺是真的。

在一对对新人的婚礼上，我们总能听到男人对女人说：我保证，我将对你永远忠诚；我保证，无论是穷是富我们永远在一起；我保证，无论发生什么我都会与你白头到老。在那个地方就该说出这样的话呵。我们还真的没有在那个地方听到与后来的事实更加接近的话语。比如，我不能保证对你忠诚；比如，我或许不会与你白头到老。婚礼其实是一个表达愿意的地方，是一个实践浪漫爱情的地方。而婚礼过后我们面对的是真实生活，是一个破坏愿望的地方，是一个婚姻现实的地方。真实的人性是这样的：我们几乎没有具备对于我们的配偶一生忠贞不贰的能力。我在电视上看到乔羽与他的老伴做节目，主持人问这一对老人如何保持了婚姻的长久，乔羽无奈地回答：忍呗。主持人问怎么忍。乔羽说：忍无可忍的那种忍呗。须知，乔羽的老伴也在其中。乔羽的真实让我吃惊，也倍感这个艺术家内心的荒凉。

是的，一个男人和一个女人，依恋着白头到老，在当今的物质时代，几乎是一个可以和童话相媲美的事件。

真相就是这样的：尽管我们总是感慨人生苦短，一晃就过完，可是，比起我们对于他者的激情，这份苦短的人生，实在是过于长久了。真相也是这样的：漫长的一生中，我们的好自为之是比诺言更加结实的东西；我们的责任，我们的义务，是比诺言更加持久的东西。

聪明的做法是，感谢我们的爱人曾经对我们许过诺言。那一刻，就是这样的甜言蜜语让我们感到了世间的温暖和安全感，即使这温暖和安全感具有很大的不可实践性，即使这样的诺言是为了供他或者她背叛的。在这点上，我们其实也是一个背叛诺言的他者。我们体谅诺言会变味这件事，不去拿诺言和它是否被实践较真。

» 真相是可以杀人的

很多年前看电影《七剑》，热闹过后，很多的东西就忘了，就像其他热闹的事情。只记住了一句话：真相是可以杀人的。当时一怔，在电影院里就掏出了本子和笔，黑暗中歪歪斜斜地把这句话记了下来。怕忘了。这句话一直记到现在。

年轻的时候一点一点地懂得了一些世间的事情，像蚂蚁储备冬粮，以为懂得的事情真多呵，多得让自己瞧不起父辈的人，也瞧不起小辈的人，还把自己认定的事情看成是事物的真相。现在知道了，这样的一种状态其实是正宗的一种无知。可是，年轻的时候就得经历这么一种正宗的无知，躲不过去的。现在我只相信一句话：我对这个世界一无所知。当然这是一种哲学意义上的一无所知。其实，天地之大，宇宙无穷，人在世上，像个蚁虫，肤浅地想着红尘间的爱恨情仇，也似乎有着蚁虫意义上的真相假象，蚁虫意义上的深刻与浅薄。

人，生来就是携带着原罪而来的。这就使得人类的罪恶与生俱来。文化与人类社会自然形成的伦理，最大限度地把这些人性之恶的原罪面具化，表面温情化，使得更多的人性丑弱以潜伏的方式压抑于生活的内部。真相是可以杀人的，说的其实就是这些潜伏于生活内部的难看的东西被偶然打开，或被故意打开。这些长相丑陋的东西是骇人的，如果它的长相过于丑陋，像恶鬼，那么真的就是可以杀死人的。

我曾经和一帮女同事们聊天。我说，对于自家的老公，恨他的时候想杀死他；如果他病了，需要一个肾，真的可以毫不犹豫地打开身体给他一个自己的好肾。一个女同事当场哭了。我想，她是被男人与女人之间的爱恨情仇的无解给弄哭了。被爱恨情仇之间的悖论给弄哭了。爱他，恨他，都是真实的。假如是恨他的时候，真实恨他的时候，这样的情绪被他知道，该是多么恐怖！有的时候换回他的角色，想他也会如此地恨我，真实地恨我，那感觉也是可以杀人的。

哪一个婚姻承载的，不是这样的爱恨情仇？哪一段红男绿女的情色之事，不是这样的爱恨情仇在其中被回味？

探究一个这样角度的真相，是多么伤人呵。

女人最善于探究这种难看的真相。生活原本就存在难看的和好看的面孔，难看的面孔甚至会多于好看的面孔。可是，女人最善于探究这种难看的面孔，而不去探究生活中好看的那一面。女人探究这种难看面孔的执着，完全比得上考古学家面对老旧的古董。真相原本就是可以杀人的，女人欲探究真相的念头一形成，那真相仿佛已经在那里待着，仿佛已经是真的，像丢了斧子的人怀疑邻人偷了自己的斧子，怎么看邻人都是小偷。女人虚拟一个真相仿佛高明的建筑师设计一个别墅，只是，被女人虚拟的真相同样具有杀人的效果。

其实，我们的生命都是带癌生存的。这不妨碍我们在其间活得生龙活虎。没有不带癌生存的人，就像没有不活在吓人真相之中的人。有的时候对我们不利的真相，并不是别人故意设置给我们的杀人凶器，它只是一种寻常的存在罢了，像癌细胞，它们在我们的体内，只要我们不发现它，只要它们还没有对我们的免疫系统形成伤害，我们真的可以健康或者亚健康地活着，爱与恨全不耽搁。只是，我们根本没有必要去打开我们的身体，去看看那癌细胞，让它来吓唬我们，让原本就擅长恐惧的我们再死于一次次人工的恐惧。

还有，一个人活着，活在人堆里，天生就是被别人说的，而且，通常情况下，一个人被别人说坏话的机会真的比说好话的机会多。因为发现别人的短处，是所有人的长项，而且在发现它们的同时还会窃喜，内心得到某种意义上的平衡。我从来没有见过一个不被人说过坏话的人。一个良善得够戗的人也会被别人说出很多不是。只是，大多数人没有机会听到别人说出的关于自己的坏话，倒是哪一个人说了自己的好话，当事者的脑袋会像刻录机一样自动地把这好话记下来，记得一辈子，而且对这好话确信无比。有的人，一旦听到别人说自己的坏话，就生气，就把说坏话的人当敌人。其实，偶尔听到了别人说自己的坏话，真是太寻常了，无非是知道了一次生活的真相。所以，如今，我除了做自己，最不怕别人说我坏话了，别人就是把我说成是狗，我也一点儿不生气。

人与人之间的爱恨情仇中，真相其实比假象更接近于生活本来的样子。聪明的人就不要故意探究什么了罢。倒是蚁虫一样卑微活着的我，如今更想探究的是大自然中无与伦比的真实，天地苍茫像天书一样令我仰望的穹宇，我多么愿意多一点再多一点地知晓它们本来的样子，它们丰饶而有趣的真相。

» 一见是怎么钟情的

我年轻一些的时候特别愿意逛商场买衣服。中午下了班，就出发了，向着城市商业区挨个排列的大商场、小商店走去。怀抱着对新颖衣服强烈的愿望，买回衣服的比例是极高的。当然，有那么一些年份，我因此成了正宗的“月光族”。有些女友总抱怨说逛商店买不到衣服，我就会窃想，那是舍不得银子呢，尤其是现在，如果你舍得花费银两，什么样的好衣服都是能买回来的。就像那些身家数以亿计的大款，想和个美女交往真不是件难事。

我想被几乎所有男人和女人憧憬万分的“一见钟情”，真的有点像我年轻时候和衣服的那种关系。首先我有要好看衣服的需求，然后一大堆衣服以各种好看的姿势在大柜小柜上等着我去被撞见。如果一个女人一点儿都不想买衣服，那么，再骚首弄姿等待被买回的衣服也是没有用处的。就比如一个对情色之情早已心灰意冷的人，再新鲜的红男绿女也是派不上“一见钟情”的用场的。

而人又有着不可商量的生物性。生物性最直接的表现就是对异性的寻觅。这没有什么好奇怪的，没有这一点，人类早绝种了。所以呵，男孩和女孩一到了青春期，其寻觅异性的眼睛就自动地张开了。如果哪一个男人和女人淡漠这事儿，还真得让急坏了的家长领着去看医生。鲍尔吉·原野先生曾比喻“一见钟情”的现实性：“你抱着一桶炸药在火花四溅的地方走，引爆是早晚的事，一点儿都不奇怪。古人将青年男女相遇称为干柴烈火。同样的道理，抱着酱油桶即使钻进灶火膛里也爆炸不了。”说白了，一见钟情，无非是两个极度地有着情色需求的男人和女人对上了生物性的眼光。

哲学家也曾经把“一见钟情”解释为——上帝在前世把一个男人和一个女人配好了对，然后在来世这个男人和女人碰上了，就认出来了。可是，哲学家接着说：即使是这样，上帝也没有保证让这两个人在人世间过上和顺的日子。这听起来真是绝望。听了一见钟情在医学上的解释，这绝望也就被消弭了。以男人为例吧，男人在情色之事上，是身体中那种叫“睾丸酮”的东西在起作用，这睾丸酮生成的原料是胆固醇。睾丸酮只会使一个男人热爱女人，它的指令中并不包含爱什么样的女人。这需要男人自己动脑子。可是睾丸酮不具备思考的能力，它连一加一都不知道等于几，如果没有睾丸酮在兴风作浪，被男人“一见钟情”的女人，很可能恰恰是他最讨厌的女人。这是不是可以解释，为什么那么多的男女情色之事，以异常有动静的激情涌动而起因，却以化成难看的害虫为终结。

在我看来，好的情色之事几乎是撞大运的结果，和事前怎么精细的选择、怎么慎重的考量都没有什么关系，和是不是一见钟情没有什么关系。一个男人或者一个女人，在理论上可以有一百个异性做他老婆或者她丈夫，而真正动人的爱情，在一个人的一生中，遇到一次，都是上苍的恩惠。

男人和女人，如果愿意的话，继续一见钟情吧，然后各领这钟情后的命运。那命运是怎么回事，谁知道呢？可是，如果不去一见钟情，谁又能保证上帝真实爱情的恩惠会降临到你身上呢？或者，一个人，等到年过半百了，幸运的真爱还真来了，那青春时段最浓郁的“寚丸酮”往事怎么去交代呢？还有，如果你不知晓寻常之间男女情色的平庸与无聊，还有它巨无霸一般的伤害，你怎么能知晓那真实的爱情是该何等珍贵呢？

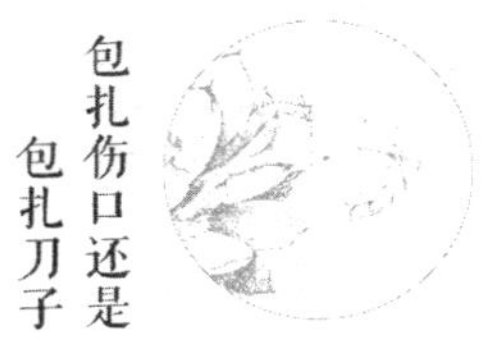

» 超市与专卖店

城市里有商场。商场分超市和专卖店。

我们这个城市有几个很著名的超市，天天客满。资源好的超市几乎可以满足人们的所有要求，物资几乎应有尽有。一个居住的社区附近有个大的全乎的超市，在那里住的居民真是方便极了。想吃的、想穿的、想用的都可以放在我们推着的购物车里。好的超市还可以把我们原本不知道的好东西给调动出来，那些我们来时根本没想买的东西，立刻就会和我们的欲望勾结起来，变成我们手推车里的购买物。超市叫“超”市，也真准确呵，就是总是超出我们的预算花销把原本不需要的东西搬回家。一个居民密集的地方如果缺了超市，一定极不方便。就是再好的地段、再好的海景房，离超市远了，居民也要诉苦。要是没有大的超市，那么有一个规模小的超市也能解决我们基本的日常所需。

专卖店是专卖某一种东西的地方。比如，专卖家电的商场，专卖西服的商场，专卖糕点的商场。优质的专卖店专卖之物的品种齐全，各种档次、各种款式的用品都被预备。专卖店里的商品，其品质，其分类，大抵是要超过超市里这种商品的。如果我们不是一股脑地什么都想要，专买一样东西的时候，我们最好去专卖店。可是，如果我们想买柴、米、油、盐、衣服什么的，就不能去一家专卖店了。

我们每一个人都是专卖店，不是超市。

我们每一个人都有自己的优点和专长。有的人有钱，有的人有财，有的人有权，有的人有才。有的人细心，有的人会哄人，有的人会倾听，有的人擅长做家务，有的人懂理财。当然，有的人优点多一点。比如，既有钱又细心；既有权又会哄人。这样的人肯定不多。一个人把所有的优点占全了，我还真没有见识过。

麻烦的是我们希望我们的妻子或者丈夫是超市，而且最好是大超市。女人希望自己的老公既有钱又细心；既有才又会哄人；性格要好，家务要做；要有情调，又要对自己专一。男人希望女人上得了厅堂，下得了厨房，要漂亮，要忠诚；对孩子细心，对公婆耐心，对自己柔心。须知，一个男人如果有足够的钱，足够的权，那么这样的男人大抵就不会做家务，这样的男人又有足够的本钱对别的女人花心。如果一个女人智慧了，那么她大抵就比其他平常的女人不够顾家；她要是足够美丽了，那么男人就要承担她红杏出墙的高风险。一个人的精力是有限的，一个男人或者女人的精力，大抵只能把自己捯饬成一个不错的专卖店水平。那种既有才又有貌，人见人爱、车见车载的男人或者女人，是上帝限量版出品的，人间即使有这样的珍品，也轮不到平凡的我

们。红尘之中的红男绿女，每天有那么多的故事发生，秘密的，公开的，惊心动魄的，曲径通幽的，很大的原因就是男人和女人品质上这种“供”与“求”不符的矛盾引起的。人人都爱“超市”情人，而每个人大抵又都是“专卖店”。

» 你来不来与我同居？

20世纪80年代，女诗人伊蕾写出了震动诗坛的系列长诗《你不来与我同居》，诗歌每一段的最后一句都是“你不来与我同居”。她写道：如果需要幸福我就拉上窗帘/痛苦立即变成享受/如果我想自杀我就拉上窗帘/生存欲望油然而生/拉上窗帘听一段交响曲/爱情就充满各个角落/你不来与我同居……那是把人性像个过时的衣服远远地塞在衣橱最里面的年代，对生活中人，尤其是女性的伤害如同镰刀伤害蔬菜。伊蕾的句子，如彗星撞击地球一般撞击我们封闭的人性与爱。

女诗人林雪说，伊蕾的这些诗歌如先驱般提前绽放出如此炫目的诗歌和人性的焰火。林雪还认为，诗人伊蕾，学者李银河，这两个伟大的女性，使我们整个女性的成长，对人性和爱的探索方面要至少提前20年，她们之于中国的不可或缺，犹如月亮之于人心的暗夜。林雪认为，即使有一天她们作为个体生命的物理的人会凋落、会谢幕，但她们的精神财富必将如路灯一样永远明亮。伊蕾的这组长诗，当时对我心灵的震动也绝不逊于十级地震，我伪饰习惯了的人性早就被封闭在集体潜意识中，它们在我的心中被震得像积木一般破损。我恰恰从伊蕾看似色情的地方，读出了她灵魂中圣徒的部分，她放荡中的正派让我周身净洁。

你来不来与我同居？曾经是一份对于桎梏人性最嘹亮的诘问。它有着石破天惊的力量。

就在今天，有人问林雪，她如此欣赏伊蕾，想不想戏仿她的《独身女人的卧室》，写点什么。林雪说，如果真能写些什么，又必须是两性话题，那她最有可能写出的诗题目应该是《你别来与我同居》。

你来不来与我同居？这个诘问在今天早已失去了它的惊悚力量，倒像是被人冷落的怨妇对情感专家的倾诉。这样的怨诉比比皆是。在一夜情不是个问题、情色交易轻而易举、物欲横流、价值观错位的物质时代，你来不来与我同居，太不可能“石破天惊”了，反倒是轻于鸿毛。这样的怨怼，对于一个尚还年轻的女孩来说，充满了情色之中必得承担的破损的疾病，像没有打疫苗的传染病发作，是成长之中必须付出的东西。这样的怨怼，对于一个老旧了的妇人，就是没有能耐在岁月中长大的女人，她的命运中潜伏着永远企图活跃起来的悲剧力量。

池莉说，这个时代，女人对男人失望了就好了。她的意思是说，如果女人对于男人不失望，那么绝望的就该是女人自己。一个男作家也说，男人对于女人失望了就好了，就避免了蠢蠢欲动之后几乎必将情色化成害虫的那种命运。女人失望男人，男人失望女人，这其实都是因为所有的人都按自己的愿望预设了一个符合自己的男人，或者女人。男人与女人的互相失望，其实不是这个时代的问题，而是整个人类史的问题。无非是价值观扭曲的年代加重了这种失望的速度和强度。

你来不来与我同居？是对扭曲人性的控诉。你别来与我同居，同样是对扭曲人性的控诉。两者的区别，无非在于，用了什么样的方式进行的扭曲。

» 苏菲式的女人和罗密式的女人

苏菲·玛索和罗密·施奈德都是这个世界上的超级大美女，可是，两个人在情爱世界里面的走向和结局，却是完全不同的。

苏菲被称为是“法国制造”，她在14岁的时候就饰演了《初吻》，大获成功，之后又演了《勇敢的心》《心火》等世界经典影片。她与法国的一些奢侈品牌一样被当作法兰西的标签，成为那个国度的宝贝。苏菲让全世界的人领略到了什么样的女人才算得上是“惊为天人”。苏菲在爱情上有着自己的主张。当年，她与大她26岁的导演安德烈相爱，爱得义无反顾。苏菲和安德烈有了孩子，他们在一起合作了多部有质量的电影。18年之后，他们分手了。很快地，苏菲与美国制片人吉姆相好，并有了爱情的结晶——一个与苏菲同样美丽的女儿。前两年，苏菲与吉姆分手了，顶替吉姆的是一个叫克里斯托弗的大帅哥。再后来，苏菲与这个大帅哥分手没有，我也不知道了，反正我知道，即使她与他分手，受伤的也不会是苏菲。与苏菲好的，都是一些美到炫目的极品男人呵，可苏菲有力量甩掉他们，让他们在红尘中饰演被遗弃的角色。爱情破损，苏菲的面孔依然没有破损，或者说她有能力从破损的情色之中把自己解救出来，重新发育成一个簇新而健康的自己。

罗密却是一个让情爱把自己弄到破损的女人。这个为整个世界奉献了《茜茜公主》电影系列的绝色美女，把自己的初恋献给了大帅哥阿兰·德隆，然后义无反顾地把幸福和爱情都给了这个饰演了《佐罗》的极品男人，给得片甲不留。与阿兰相识四年后，阿兰移情于另外的女人。罗密的精气神儿整个地被抽空了，罗密再也没有从以后的岁月中把自己解救出来。按说，岁月的流逝有着使一切破损康复过来的能力。可是，这样的东西在罗密身上是没有用处的，她把自己的身体整个儿地浸泡在过去的恋情中。在以后的岁月中她做足了这件事。她试图和别的男人相好，甚至与他们结婚，为的是将自己拔出来，可是没成。罗密在四十多岁的时候就死于心碎，心碎于她与阿兰曾经美好到极致的恋情。

对于情色之事，这个世界上存在两种不同的女人，一种是苏菲式的，一种是罗密式的。有一些女人，她们的情感神经天然地就被缔造得坚韧，以便在这个世界上发生情色政变的时候得以安全地救出自己。后天的教育又固化了她们的那种坚韧，使她们的生命在破损的情事之中也不至于破损。苏菲就是这样的女人。可是，罗密不是这样的女人。罗密天生就是那种被上帝把情感神经缔造得纤弱而敏感的女人，这样的女人根本不能从破损的爱情中走出来，这样的女人接受再多的情感教育也没有用。这样的女人其受伤的身体根本不配合所有强硬的理念。这样的女人只能有一种可能使自己的生命避免破损，那就是有好运碰到一个一生爱她的、呵护她的男人，而这个男人又是她的至爱。在情事上遇到这等好运，几乎等于在六合彩中碰到大奖。

我们这些平凡的女人，即使做了罗密式的女人，在情色的受伤之中而损毁自己，让自己活得生不如死，也终究因为自己的平凡而没有人给我们封为爱情的烈士。就是成为一个著名的“爱情烈士”又有什么用？而且，这又是一个情色的乱世。物欲的猖狂之世，必定是男女情色的滔天乱世。情色的乱世造就情色的破损，简直就是小菜一碟。所以，在这个世界上，女人们真的应该警惕自己，以免因纤瘦的力量让自己发展成为一个罗密式的女人。女人们应该以苏菲为榜样，使自己发育成为一个苏菲式的女人，在情色的乱世，有力量穿越情色的破损而让自己无损，甚或更加坚韧。

» 聚少离多是个替死鬼一样的词

男人和女人好了，然后分开了，这样的事情每天都在发生，外国人有，中国人有。普通的男人和女人分开了，分开了就分开了，因为平凡，没有人探讨他们是怎么分开的，也就被统计在某个年度的离婚率里面，还是不知道准不准的那种离婚率。明星们分开了，是要上报纸的。娱乐至上的年代，政治名人和娱乐名人离婚的事情可是个大新闻，报纸和电视简直太愿意登载这种事情了，收看率和收视率都会极高，因为我们全都愿意看嘛。明星们分手是要有个理由的，报纸需要嘛，就是没有，大家也会想出来一个。小三的介入是明星们分手的理由之一，这点和大众们分手的理由差不离。如果没有第三者插手，那么，绝大部分明星的分手都会被说成是“聚少离多”。

有一天，我像个账务员一样故意统计了一下聚少离多的分手明星。张曼玉的一段破损婚姻和九段破损的情色，差不多全是因为聚少离多；高圆圆与于小伟；吴奇隆与马雅舒；周迅与李大齐；伊能静与庾澄庆；刘烨与谢娜；莫文蔚与冯德伦；梅婷与鄢颇；郑伊健与梁咏琪；古天乐与黄纪莹……还可以加上一大串名字。明星们的情色破损原因简直长得像个全国统一模样似的，顶着同一张脸。

其实，爱情的破损是个通常的事情，明星们比不是明星的良家男女们的情色更加多出一个活跃元素而已。明星们招人，受诱惑机会多，情色关系的不稳定加重，这也是真的。其实，男人和女人分手的原因，只有当事者内心清楚。那些原因往往是伤人的，用不着和大家道来的。所以，没有人把真实的原因道出来。比媒婆还多事的媒体当然就要动用自己的媒婆嘴，拿“聚少离多”这个理由来说事儿。

卖弄一下我所学过的心理学知识，说一下稳定的和不稳定的情色关系是什么样的。美国心理学家斯滕伯格认为，不管什么形式的爱情都逃不过三种基本成分：亲密、激情和承诺。亲密是两个人从初次见面，到相互喜欢、愿意彼此亲近。而激情则是指两个人的关系当中那激动人心、让人心跳加速的状态。承诺则是愿意同对方保持一种长期相爱的稳定关系。这三个元素并存，而且必须结合得结实，才能抵达理想的爱情，才有可能活活泼泼地白头到老。当然，窃以为，其中还有一些隐秘的不可言说的元素，是身体说了算不是激情说了算的东西。比如，性；比如，天性中所归属的人格类型。这些元素不匹配，就是两个优秀的男人和女人，有着纯正的愿望，也有无法达成的东西在里面。

我一直认为，相对于激情和承诺，亲密的达成是最难的，它需要的是男人和女人生命中本原的一些好东西的天然融合，是一种很恰巧的东西。比如，最好的亲密是双方相互崇拜的那样一种东西，需要的是生命灵性的相遇才能达成的知己关系。我们一生中能遇到这样的一个人，不管是同性还是异性，都是天意。如果一对通灵的人恰巧是男人和女人，恰巧遇到，恰巧年龄合适，那简直是太被上帝宠爱了，不相好连上帝都不乐意。当然，我说的是理想的爱情。现实中，这等亲密的达成有着撞大运中大奖的那么一种意味。

人间的男女情色通常是这样的，在这三元素拟化成的三个“圆”中，那重合的部分确定这段情色的分值。重合的部分越大，感情越好，越接近爱情。爱情专家因此把它们分为七种爱情类型：喜欢式爱情、迷恋式爱情、空洞式爱情、浪漫式爱情、伴侣式爱情、愚蠢式爱情、完美爱情。前六种的爱情因着缺少了三元素中的某一种元素或者某两种元素，或者这三元素中重合的部分太狭窄，都是有遗憾的情色。有遗憾的情色几乎是我们普遍的情色，何东老师曾把这些诸多情色类型统称“残疾人搭伙过马路”。为什么所有的爱情专家都告诉我们，爱情一定要宽容，要忍耐？就是因为这种残疾人搭伙过马路，如果忍耐一缺席，情色关系的分崩离析简直就跟晚期癌症病人的死亡一样必然。

我曾经见识过真爱的男人和女人是什么样的。不是小说中的故事，而是我认识的女友的故事。男人是个有名望的男人，有辉煌的事业；女人是个灵性的女人，有着自己做着的实体。因为不可避免的缘由，原本在外地的女人要来青岛创业。男人放弃了自己的事业，跟着女人来到了青岛。在调动期间，男人和女人分离着，这让他们更加知道分离的不适。聚少离多，让他和她更加渴望欢爱在一起。他们的心时刻都在一起。这么一个互联网时代，做到这些真的不难，当然，这不难，说的是两个灵魂相爱的人。她和他相爱很多年了，她和他的感情却一点没有变动，如果有变动，那就是更加相爱了。她和他的激情也一丁点儿也没有变动。那些七年之痒之类的词，多巴胺荷尔蒙之类的解释，是用来给那些原本不结实的男女情色准备的。

聚少离多是个替死鬼一样的词。

» 女人，不要让人可怜

和平年代，爱情是最大的战争，对女人尤其是，没有之一。女人的基因里面留存着强烈的家园意识，这是从远古时代就进化而来的。我们的男祖先为了妻儿的口腹之需去森林里打猎了，女人们就守在家里，侍儿弄女，等待着男人的凯旋。女人对感情的需求是从骨子里面浸透出来的。这是进化搁置在女人基因里面的东西。男人和女人相好了、迷恋了、结婚了。假如男人和女人在相处之中把关系处理得错乱了，则是什么事情都会发生的。

女人最好的命运是嫁了一个对的人。在对的时间遇到了对的人，这可不是件容易的事情，尽管在文艺作品中，一个男人和一个女人对眼了，一见钟情了，就会被说成是“在对的时间里面遇到了对的人”。其实，这是天底下最大的误会，没有之一。我在这个世界上只见识过有限的几对真正“在对的时间遇到对的人”，如钱钟书和杨绛。钱钟书曾经说，自从他遇到杨绛之后，从来没有想过离婚，也从来没有想过其他女人。还有史铁生和陈希米。史铁生是个双腿残疾的男人，健康的陈希米便成了他的双腿，他和她都期望人与人之间的深刻关系，他和她都知道最高的关系在爱情里，在两个人之间。他和她是两个人。“他和她”又是一个人。杨绛和陈希米爱情的共同之处，在于她们都是爱智慧的女人，并且是爱极了智慧。她们的在世愿望，就是爱一个男人和一些智慧。她们所爱的男人，恰巧与她们所爱的智慧完全链接。想想看，钱钟书和史铁生，他们得是多么地有智慧才能写出那样的文字。她们恰巧也是极有智慧的女人，才会被极有智慧的男人所爱。她们的爱情，是男人和女人情色中的钻石，是一种美好的例外。

更多的男人和女人也相遇了。更多的有问题的男人和有问题的女人，没有智慧的惠及，没有对人性的洞悉能力，一个人都活得一塌糊涂，两个糊涂的人搁一起，会结出怎样奇葩的情色果子都不会让我们惊奇。我说的是我们这些平凡如沙粒的男人和女人，说的就是你、就是我、就是他或者她。

开始相处的男人和女人，在身体里面荷尔蒙的作用之下，大抵会发生如胶似漆的一段日子，彼此居住在对方的身体里面，体验着作为动物的迷人之处。晕乎过后，过日子最容易化验出来的就是男人和女人除了身体是雌雄配套的，灵魂和灵魂根本是不搭界的。如果灵魂和灵魂是陌生的，那么身体一定也会变成陌生的。当然，男人和女人混到这个时候，孩子已经被制造出来了，与对方的家族及朋友之间也已形成了死扣一样的链接。男人和女人的故事像赵薇导演的《致青春》里的那首歌唱的：爱了，乱了，疯了，癫了，迷了，惑了……

对了，这歌好像是王菲唱的。就说说王菲吧。

王菲是个女神。世间的女神大抵都出在演艺界，模样要好看，戏演得要入神，歌唱得要好听。王菲的前夫李亚鹏说，人家都把歌唱成那样了，想不传奇都不成。把歌唱成那样，也不能说明菲女神的爱情就是理顺的。相反，王菲的爱情是错乱的，是个乱世。她最初爱的是摇滚青年窦唯，窦唯庄重的才华让王菲仰视，她嫁给了他。可是，很快地，窦唯就移情别恋喜欢上了一个女记者。王菲迅速从婚姻中突围，很快就和小她11岁的谢霆锋恋爱了。谢霆锋在和王菲恋爱期间又和张柏芝有牵扯，让王菲很受伤。最后，王菲退出三角恋的角逐，谢霆锋和张柏芝结婚了。女神的好处，就是从来不缺男人的迷恋。与谢霆锋分手后的王菲，立刻又被俊男小生李亚鹏疯狂爱上了。谢霆锋和女神张柏芝也没有把日子过稳妥，在有了两个宝贝儿子之后，他们的日子过不下去了，离婚了。王菲嫁给了李亚鹏，生下了他们的女儿嫣儿。王菲和李亚鹏的婚姻在该痒的时候也痒了，痒得不轻，甚至离婚了。离婚一年之后，就传出王菲和谢霆锋鸳梦重温的消息，举国被这个活色生香的消息弄得沸腾了。

原本以为几回错恋后的王菲，吃斋念佛，心归宁静，对男女之事心生离弃之意。根本就不是这回事儿。王菲真真有一颗女人的柔心，她是一个爱情战士而不是爱情烈士。人生苦短，王菲愿意把自己女人的身体养活在爱情的滋养之中。这基本上是普天下所有女人暗中明里所祈愿的。女神王菲替我们做到了。

在爱情上让我们侧目的还有安吉丽娜·朱莉，这个美得要命也会活得要命的女人。安吉丽娜的情色史充满了血腥的味道和出奇的混乱。她从小就是个问题女孩儿。她文身、吸毒。她能活下来，连自己都觉得是个奇迹。19岁那年，安吉丽娜就因拍片和男主角约翰尼发展了疯狂的异性恋，两年后成婚。为此，安吉丽娜用自己的鲜血在她白色衬衫后面写下了他的名字。这两个酷爱文身的年轻人太有爱了，却也不懂得爱是怎么回事，婚姻生活混乱不堪，终于因为安吉丽娜在拍片过程中的移情别恋而让约翰尼因抓狂而分裂。她的第二段婚姻也充满了鲜血的味道。她和一位艺术家比利产生了更加疯狂的激情，以至于比利与安吉丽娜分别取出自己生命中的鲜血，把各自的血放入瓶子里面，做成项链分别佩戴在对方的脖颈上。要命的是，在这个世间，最疯狂的爱情往往却有着最短命的结局。疯狂的激情大抵总会焰火一样耀眼而短促。再后来，她还和一位亚洲美女发展过一段很狂野的同性恋……当然，安吉丽娜和世界上最英俊的小生彼特好上了，在好上的这几年，彼特因为懂得她并且厚待她收养的两个孩子，而得到安吉丽娜和两个孩子的喜欢。安吉丽娜和彼特也有了自己的孩子。若干年后，安吉丽娜和彼特结婚了。

麦当娜也是个在爱情上极抗折腾的女人，她恋爱的对象一个接一个，和上一个散伙了她马上就会接续下一个。生命不息，恋爱不止。她从来不怕和比自己小的男人好上，这个男人小自己20岁她也不怕。凭什么男人可以娶比自己小20岁的女人，女人就不能？

看了一篇文章，说的是女人在这个世界上，宁愿活得让人羡慕嫉妒恨，也不要惨兮兮地让人怜。此话说得真好。恋爱是一件让女人成长的事情，失败的恋爱尤其是。一个自我成长的女人，失败的情事会让自己的生命意志提升至该有的生命海拔，这样的海拔足以把失恋这样的小事踩在自己的脚下。女人在失败的恋爱之中自我悲吟一下是可以的，骂骂男人也是可以的，骂完了就要检测自己的内心，看看它是不是足够地坚强，看看是不是一个人也能过得很好。如果女人把自己的精神捯饬到足够有力和优雅的地步，那么她已具备了迎接崭新爱情的能力。

王菲就是这样的女人。王菲这个话少的女人，她的内在却有着足够的坚强。我认为，王菲为这个世界贡献的独立而卓绝的个性气场，比她贡献给我们的歌声更优美。她从不说让她痛苦了的男人的坏话，打死你她也不说。她直率，她真实。因此她自由。自由，是生命最高级的境界，不足百斤的王菲竟然做到了。

是的，做女人，宁愿让别人羡慕嫉妒恨，也不要让别人怜。

那些让人怜惜的女人，做成了爱情烈士的女人，是不值得的。当年，那个美得要死的费雯丽，因为与劳伦斯的爱情破损，精神崩溃了，劳伦斯已经和一个小女人结婚了，费雯丽对外还把自己称作“劳伦斯夫人”，让人看得心疼。虽然有比她小的男人真心爱她，她也没有从自己情色的破损中走出来，年纪轻轻就薄命西天。那个演活了茜茜公主的罗密，在与阿兰·德龙的情事破损之后，就没有恢复自己生命与精神的健康，她从来没有从阿兰·德龙的阴影中走出来。她比公主还美，却死于自己的心碎。

张柏芝与谢霆锋离婚了，一个人带着两个可爱的儿子过日

子。她那么美，完全可以像王菲那样去爱自己。我真希望张柏芝在这种正弦波一样曲折的恋爱之中得到历练，做一个没有浪费掉自己苦难的丽人，并且在这种历练中得到自我成长。那个时候，张柏芝得到自己的爱情，遇到一个爱自己的心仪男人，根本就不是一件夸张的事情。

在一个咖啡屋里，女人对我说了他们的爱情。她和他，连宽恕都用不上。她和他相爱，比什么都容易。男人对她说，爱她，他什么时候都有空爱她，他有的是时间。是的，爱，永远有空，爱她，永远是他的唯一事业，是他的宗教。我还知道，爱情的达成，一定是两个善根和灵性高度契合的男人和女人，是恰巧的相遇，是上帝的恩宠，是世俗人间的神来之笔。

我从他们的爱情中得知，爱情，是灵魂的血缘，她比肉体的血缘更绝对。就像我从更多的男女情色中得知，聚少离多，永远是为不结实的情色所准备的分手理由。

» 早一点“幻灭”

男人和女人都会说，我幻灭了。伤心至极的人最容易感到自己梦想的“幻灭”。其实，欲望最能导致我们幻灭，或者说，欲望基本上就是个导致我们幻灭的东西。我是女人，便有机会听到女人私下里的幻灭感。爱情是导致女人幻灭的最佳选手。

好东西当然女人都想要，成功的事业，更多的金钱和名声，当然还有爱情。对爱情的执著基本上是女人最后搁下的东西，甚至是一辈子都搁不下的东西。这个年代，显得独立了的女人嘴硬多了，可是她们的骨子里依旧暗暗地盼着一份情爱上的依靠。事业和金钱随着年岁的流逝，女人还有些容易看淡它们，对爱情的渴望却像癌细胞一样容易复发。爱情却是天底下太难达成的东西，不是一个女人做得足够优秀，她的性格足够良善和温柔就能达成。天底下最不是商品的就是爱情，她是用多少金钱都买不回的，而能买回的东西，包括情色，都不是什么值钱的东西。何况女人也是携带着原初罪性的夏娃，欲望世界里面的女人，欲望的毒素也早已流淌在女人的血管中。女人

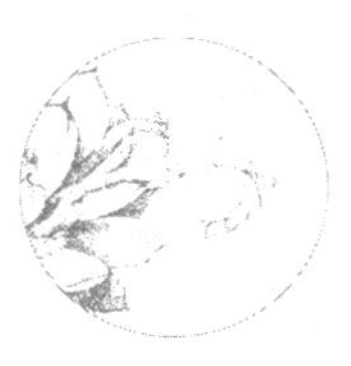

常说，男人不是好东西，其实女人也不是什么好东西。我见过太多叽里呱啦诉说男人不是好东西的女人，仿佛是男人让她的爱情破碎的。依我对当事女人的了解，她根本没有可能担当起一份尚好的爱情，她离能整理好一份尚好爱情的距离，还有爪畦国那么远。

我一直让自己信守的是这个逻辑：首先把自己成长为一个有独立能力的女人，有了物质能力、精神能力，尤其是灵魂能力，一个人也能乐活，一个人也能玩得好。如果上苍给我好的感情生活，我就赚着了；如果不给我爱情就拉倒。我用这个逻辑去生活，觉得活得还真是不错，比依赖一个男人去过活不知好出了几个档次。

我把女人一生的生命分成两次：第一次是向外寻找的阶段，这个阶段大约从出生到40岁；第二次是从外部世界抽离回来，向自己的内部生命寻找的阶段。女人从40岁以后一定得从自己的内部找回自己，像从圆木之中雕刻出自己的佛。

女人从活着开始就无师自通地向外寻找，那个时候她以为自己有魅力成为世界的中心呢，说不定能干成居里夫人或者撒切尔夫人那样的事业，更有一个白马王子左拐右转就是为了寻找到光芒万丈的自己。这个时段的女人，爱交际，露肚皮，借款去整容，面孔光滑内心却空荡。有所谓的名媛还故意把红酒洒在世界级大亨的西服上，以求得大亨的注意而把自己娶回去，哪管这大亨早已老旧到连她的父母都要喊其叔叔的年纪。女人其实也是无辜的，造物主就是把那样的基因搁置在女人的生命里，女人活着就是去奔赴基因指点的使命。一些有狂热行为能力的女人就敢于做出一些让看客差点掉下眼珠子的举动来。

女人的第二次生命当然是从幻灭开始。女人幻灭的比率太大了，我几乎没有见识过没有在爱情中幻灭的女人。其实，幻灭感是老天给予女人的一个礼物，目的是让女人从外部世界该往回撤了，开始往内寻找了。外面的世界五彩夺目，外面的世界其实空无一人。加拿大心理学家克里斯多福在《亲密关系》里面说："幻灭"往往给人负面印象，让人联想到愤怒、绝望甚至背叛的感觉，事实上，这个词的意思是——不再被错觉所迷惑，这其实是件好事，人类是尊重并渴求真相的。

身心灵哲学家克里希那南提也给我们指出了"依赖"这种情感的内在原因。他认为亲密关系中出现的幻觉，是因为我们害怕孤单和恐惧，认为终能遇到某人将我们的恐惧和痛苦带走。还认为痛苦或恐惧之所以会出现，都是别人或外在事物的过错。克里希那南提庄重地告诉我们：这些都是亟待克服的严重错觉，非常严重，比我们所能理解的还要严重。克里希那南提也是历尽千辛万苦，才知道浪漫恋情一点儿也不真实的。我们需要浪漫幻觉，是因为我们需要骗过虚弱的自己，因为我们不想面对自己缺乏信任以及不被爱时的痛苦和害怕。

一个女人，早一点幻灭最好，那样就会早一点让自己从浪漫爱情的虚幻中走出来，重新打量这个混乱和荒诞的世界，重新认知女人的内在生命。老歌里说，这世界没有救世主。说得真好。

女人，做自己的救世主，搞好和自己的关系最重要。我说过，和自己搞好关系，比和谁搞好关系都要紧。幻灭的好处，在于女人开始重新用对的方式爱自己，这个爱自己，不是自恋式的爱，不是依赖式的爱，而是接纳自己，让自己生命的能量是流动的，不是紧缩的。

» 甩了总统的女人

在这个世界上总统不少，总统夫人也就不少。我最佩服的总统夫人是塞西莉亚，这个甩了总统的女人。

塞西莉亚不是最漂亮的总统夫人，不是最强势的总统夫人，也不是最有名的总统夫人。可是，在我眼中她是最敢于活自己的总统夫人。2007年，她把法国总统老公萨科齐给甩了，跟别的男人相好去了。

对我这个俗人来说，当年听到这么花哨的新闻真是兴奋。这么关键的大人物也闹感情危机，和我们老百姓没什么两样嘛。这听起来也真公平。接下来就感到这个叫塞西莉亚的漂亮女人真是让人回味，这种回味挺深沉的，不是那种浅薄的兴奋了。

红男绿女闹感情纠纷，特别容易听到女人们在叽叽歪歪。看看电视上每天上演的《心灵花园》节目吧，前去倾诉的90%是受伤女人，伤害女人的90%是那个有了第三者的老公或者情人。这些女人们总是弄不明白，既然自己的男人找上自己了，怎么还可以再和别的女人偷情呢？她们被这事儿弄得活不下去了，以至于

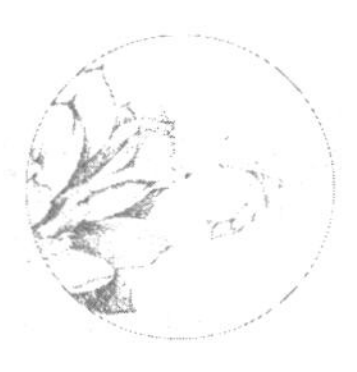

得上电视把心里的苦倒出来。再看看我们的周围，有的女人找了个处级干部，那个得意的样式就像是雌性丹顶鹤昂首在众母鸡里面，哪里还舍得主动把自己的金老公给甩了呢。至于丹顶鹤回窝后过着一种怎样真实的生活，那就只有丹顶鹤自己知道了。

其实呵，男女之事一开始被弄得神乎其神。那些要结婚了的男人和女人总是以为自己遇到了世界上顶重大的事情，排演自己的婚礼比中央电视台春节联欢晚会的导演还卖力气，招来几百号所谓的亲朋好友来庆贺；其实呵，一个人一生中能有几个真正意义上的好朋友？那么多破铜烂铁的熟人来凑份子，就把原本很庄重的婚礼仪式弄得俗不可耐。就算是预想的庄重无比的爱情之事，被过日子这种通俗的事情一化验，就像是把尘世上活蹦乱跳的病菌放置在封闭的真空里面。婚姻把想象的爱情给颠覆个底儿，那还不是小儿科！

总统与第一夫人闹不和，被琐碎的生活给化验得没有爱了，果真是特别通常的一件事。果真是大世界里面的小事情。总统与第一夫人闹离异这件事的内里，和我们大世界里的小人物闹离异，那些心理的磨损、情感的纠葛与逃逸、无奈，几乎没有什么本质的区别。更哲学、更严酷的说法是：一个男人和一个女人真正的心灵相遇，是例外；没有遇着，是常态。在情色领域，总统与第一夫人也不过是一个红男和一个绿女。总统与第一夫人没有像上帝原造的那个情色苹果一样对缝得合契，原本也是多么不值得大惊小怪的事情呵。

美女塞西莉亚说，她不习惯当一个公众人物的妻子，她不喜欢让别人注视着生活。全世界人都知道，这个法国最有权势的叫萨科齐的男人是爱塞西莉亚的，他光追求她就用去了十几年。可塞西莉亚是个在乎自己内心感受的女人。她不爱这个男人了，就离开他，即使他是那个国度最尊贵的总统。她离开总统是要闹出来大动静的，全世界人都在为这事儿七嘴八舌。这个她也不怕。比起过自己想要的生活，比起爱自己想爱的人，这些事儿都像是小儿科。

一个人最大的自由是心灵的自由。我认为，一个人，要让自己抵达心灵的自由之境，是比当一个总统或者当一个第一夫人更加艰难的事情。我认为，塞西莉亚就是一个有能力让自己的心灵驶向自由之境的女人。她把生命的力气朝着这个方向使劲。她大气。她不在乎权势与名声。她在乎的是自己内心建立起来的尊贵生活准则和真正的需求。一个女人，当她真的懂得自己的日子比一个假花一样绚丽的名声更值钱时，她才能去选择自己懂得的内在的生活，而内在的生活果真是和外在的喧哗无关的。

美女塞西莉亚真是一个有劲的女人。这么多年过去了，她一直在我心里是一个格外有劲的女人。

» 在外加的世界里面找到自己的“因”

胡因梦和李敖有一段百余天的婚姻，然后破损了。就是这百来天，李敖从一个胡因梦绝对偶像的位置上像庙宇一样坍塌了下来，胡因梦也不再是李敖眼中的天使美女。胡因梦遇到李敖的时候，胡因梦的妈妈也满心欢喜，认为天底下的男人数李敖能配得上自己的女儿。从少女时代开始，李敖就是胡因梦的偶像，她的书包里面装着李敖，她的嘴上也说着李敖。李敖批判坏人坏事的力量真是强悍，这绝不是凡俗男人做得出来的。李敖在此之前有一个同居着的女友，他对这个女友百分之百满意。遇到美丽灵性的胡因梦，李敖对前女友说，他遇到了一个千分之千喜欢的女人。李敖还说：如果一个新女性既漂亮又漂泊，既迷人又迷茫，既优游又优秀，既伤感又性感，既不可理解又不可理喻，一定不是别人，是胡——因——梦。李敖真会捕词，能把一个人说得这么准确又这么生动这么风趣的，一定不是别人，是李——敖。当然，能骄傲地承担着李敖如此文笔的女人，也确实只有胡因梦。但是，李敖和胡因梦的情事终究破损了，比其他平庸的情色破损得更快捷、更惊悚。这破损，像是目睹“9·11”事件之后留下的废墟那样震动了胡因梦，也震动了我。

一开始，胡因梦很不舒服，觉得自己的命运真是扯淡，觉得自己被李敖加害了，不仅婚姻破损，还得被迫卷入事后一系列和自己无关的官司中。她慨叹，自己为什么会得到这样的命运！后来，她读了一个朋友的一本书，书里的一句话让胡因梦反省了：“你以为你发生的都是意外，你遭逢的都是外面加给你的……所有的事情都是你自编、自导、自演的，如果你没有一个因在里面，就不会有一个果呈现出来，你必须在你外在的世界里找到你的因。”胡因梦如梦初醒，她开始加剧了从外部世界的撤退，把生命能量使用于对自己内在生命的探寻之中。她一开始叫“胡因梦”，从事演艺事业之后，她改名为“胡茵梦”，这个时候，她又改回了自己的原名“胡因梦”。也许，那个草字头的“茵”除了代表一个花哨的世界之外，不能给她提供更多的探究吧。变回了自己的胡因梦，才是校正了方向、把自己往做对的自己的路途上靠近的那个胡因梦。她要探究的，就是在外加的世界里面对自己的那个“因”。

如今的胡因梦做着自己的灵性工作，她翻译了那么多世界顶级心灵哲学家的书籍，把救赎过她的文字介绍给我们，让一些与她的精神频谱相近的人去接受她灵性的磁场魅力，试着从外部世界的无解之中退回到自己的内心世界，把宝贵的生命能量使用于生命内里这个唯一正确的场所，让认识自己成为一件或许可能的事情。

我所喜欢的诺贝尔获奖者、英国女作家多丽丝·莱辛，也是一个努力让我们靠近自己内在的作家。我那么喜欢莱辛那种惊艳的文字，那些文字颗粒晶凉，而且冰冷，有如薄荷，提劲又清凉，让我们在这种气韵里面受到某种意义上的惊吓。她对女性自身的反思真是大胆到惊世骇俗。如果过去的女权主义者故意大声呼喊，让我还有那么一种跟在她们后面“起哄”的本能意味，那么，莱辛冷峻的词语让我不寒而栗，那是一种让我知晓自己的渺小之后的战栗。莱辛说，20世纪60年代的运动没有错，在那之前，男人对女人可恶至极，但是，转变太大了，她对某些女人对男人的说话方式感到吃惊。她还说，她从来不是女权主义者，她从来不喜欢女权运动，因为她认为那项运动的基础太意识形态化。有一次她在接受《纽约时报》的采访时说，女权主义者希望从她身上找到一种她其实并不具备的东西，那种东西来自宗教。她们希望她能说这样的话——嗨，姐妹们，我与你们同在，我们共同战斗，为了迎接一个再也没有臭男人的金色黎明。莱辛认为，她们发表的关于男人与女人的宣言无聊至极，她对她们无比失望。有女权主义者询问她，是否认为战争都是男人发动的。莱辛回答，她并未发现女性成为首相后，会特别爱好和平。

她不诗意，不多情，不哀怨，相反，她咄咄逼人，一针见血。我开始明白，声嘶力竭并不代表有力，平静安和也不代表怯弱。我还以为，平等不是一种被要求的产物，平等产生于不偏不倚的自足之中。我敢说，看了莱辛的文字，我开始自觉地把视线退出男人与女人欲望的滔天大海，我退回能看见这欲望之海的彼岸。我不再分析这个欲海里面的受害者和加害者，我只想用看待一个生命的眼光看待这个世界上的每一个他者。看到欲望世界对每一个人的伤害，看到每一个人是如何成为受害者还有加害者，看到那种千万年进化而来的两性之间的运行模式。我知道，如果我没有成为一个首先认识了自己的女人，我根本逃离不了电脑程序一般强悍的情色欲望运作模式对自己的裹挟。

我必须在外加的世界里面找到自己的因，不然，我就自以为是个受害者，这个世界和他者就会被我想象成一个个的加害者。是的，外面空无一人，所有的烦扰都是我想象出来的。我必须懂得这个。我什么时候还不懂得这个，我痛苦的代价就在一直付出。

第四辑

打包的命运

» 打包的命运

柏拉图曾经写过一段有关“命运”的文字。他借一个人死后下了地狱所经历的事情来说明“命运”这个东西——过路的众魂，他们将进入一个新的肉体中，他们的命运，并不是由神明来选择，而是由他们自己选择。一经选择，命运即为决定，不可更改了。使者在众魂面前掷下许多包裹，每个包裹之中藏有一个命运，每个灵魂可在其中捡取他所希冀的一个。在这些命运中，贫富贵贱，健康疾病，都混合在一起。一个有选择权利的人，热衷地上前，端详着一堆可观的暴力样式的包裹，他贪心地拿走了。随后，当他把那只袋子搜罗到底时，发现他的命运里面自己的孩子注定要被杀死，并且他还要犯其他的大罪。他又哭又怨，指责神明对他的不公。但是，这样的哭闹是没用的。命运是打包的。他选择了哪种想要的东西，就选择了哪种活法，哪种既定的命运就已跟定了他。

柏拉图的这个神话其实是说给我们活着的人的。命运其实是一只包裹，当我们选择自己活法的时候，命运的答案都已经放置在包裹里面。当你为了野心或金钱而选中一桩婚姻，庸俗与苦难早就打包放在了选择者命运的包裹里面，在这个包裹里面不可能放着安稳和深情的幸福。哲学家莫罗阿也曾说，一味追求财富或荣誉，差不多老是要使人变得不幸。为什么？因为这一类生活，使人依赖身外之物。过分重视财富的人最易受伤害。野心家亦如此，因了他自己也不明白的事故，因了一句讹传的话，使他遭到强有力者的厌恶以致失败了，或被民众仇视甚至凌虐。是的，凡是追逐不靠自身而依赖外界方能获得幸福的人，命运总是和他作对的，这也是在包裹之内的。这是神明的逻辑。

前两天一个同学和我诉苦。她在一所高校工作。她有了晋升高级职称的年龄和条件。她已中年，苦学了外语和计算机，一切都通过了。她又和有关人员进行了私下的沟通，升级眼看就要成功。就在这个节骨眼，她的上司另选了一个条件不如她的人将她替换了下来。她欲哭无泪，绝望得不行。听了这样的事情，我一点儿也不奇怪。她选择了与人竞争这么一种活法，就是选择了人与人之间角斗的命运。她命运的那个包裹里已经放置了角逐失败这么一个极大的可能性。动物界的角逐我们早就见识到了，如果两个动物只有一个能留存，那么不是你死就是我活。职场同样是一个角逐场，只要把私欲参与其中，败北的命运一点儿也不让人惊奇。更何况，人与人欲望的角逐场内有多少杀人不见血的规则与潜规则。古今中外，比比皆是。有欲则损，无欲才刚。比我的同学命运差得多的事情多着呢，在那样的江湖，谁郁闷得跳了楼我也不吃惊。

每个人长到一定年岁，都开始了对于自己生活的选择。年轻的时候我曾经也欲望横飞，试图参与到人与人的角逐之中。我已经尝试过了这种角逐的滋味，野心和贪心不仅让我和别人冲突，还有更坏的灾祸，就是它们导致了我与自己的冲突。冲突与不快乐早就放置在了我一开始选择的命运包裹中。毫无例外。幸亏我在书本之中读到了这样一种神明般的启示，较早地校正了自己生活的选择。

我看到太多的人，花费大力气选择了与外部欲望过分密切的行为方式。我还看到太多的人，他们不知道让他们哭泣不已的命运早就待在他选择时的打包了的包裹之中。

大千世界风云变幻，犹如晃眼的时尚日新月异。唯一不变的东西是有的，那就是各人的选择由各人自己负责。打包的命运更得自己承担。这是神明的公正和大义。

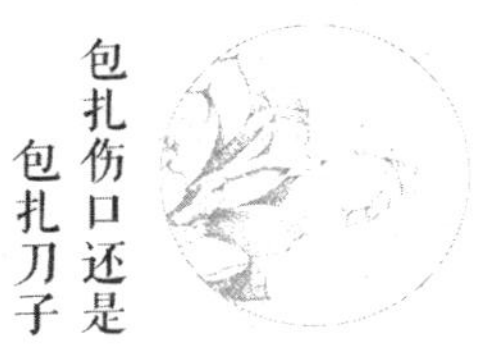

» 把“假如”从生命的字典中剔除

一次饭局，和三五个女友闲聊。女友们是相互之间挺熟络的聊友，酒过三巡，女友们把来时像精致的面妆和华美衣饰一般的面具放下了，开始借着酒劲胡言乱语。我知道，这是生活和情感重压之下的女友们对于自己的一次故意放纵，这是欲望时代被扭曲的女人们的一次快意宣泄。那一天，女友们都在说一种“假如”的生活，假如当初干了另一件活计而不是现在的活计；假如当初嫁的是另一个男人而不是现在的这个男人；假如生在另外显赫的家庭而不是现在的家庭；假如长得像章子怡而不是现在这个面孔平庸的自己……好像只要是“假如”成真，那么自己的生活一定会幸福得一塌糊涂，仿佛是没有吃过禁果之前的夏娃。

假如……是一个人人都使用过无数次的想象。从识字那一天，老师们肯定用“假如”这个词让我们造过句子。我敢说，没有一个人想把自己“假如”成居无定所的乞丐；没有一个男人把自己不假如成中国的皇帝和外国的总统；没有一个女人没有把自己假如成绝世的赫本；没有一个男人和女人不把自己的爱情假如得荡气回肠、流芳百世。就连歌曲都“假如”得让我们流哈喇子：假如人人都会爱，这个世界就会是美好的天堂。这个意象美是美，只是好像全人类在做同一种广播体操，人人不像真人，也不像人间。因为罗素先生说过：参差不齐乃幸福之源，整齐划一肯定不是。

说白了，人人假如，就是人人不喜欢现在的自己。现在我也用“假如”这个词造个句子——假如我们还在费劲地把自己假如成如花似玉的一个可人儿，就是不接纳自己，就不是活在当下。我更知道，一个人假如不活在当下，肯定会活得精神上血肉横飞，肉体上癫狂抽筋。因为我从来没有看见“假如”这件事情有一丁点儿的现实意义，倒是让我们原本就食欲过大的欲望更加超重，让自己把大好时光浪费在无谓的臆想之中。“假如”的行使，最多是一次精神的自慰，自慰得再高潮，也就是个伪高潮。自慰那点事儿，能有多大点儿意思？

“假如”自己，不如接纳自己。美国女作家黛比·福特曾经也经常“假如”自己，是个拒绝接纳自己的女人。不被自己接纳的那一部分让她很痛苦，以至于那种痛苦得靠更坏的东西去排解。28岁之前，她过着放纵的生活，嗑药、酗酒、感情混乱，性、禁药、摇滚曾是她离不开的生活内容。这么做的结果是让她更加不接纳自己。她开始反思自己，发现“假如”是没有用的，只有自己才能够拯救自己。她对于自己的拯救，是从接纳自己开始，经由内在力量的转化，她从黑暗中汲取智慧和能量，从而蜕变为一个完整而成

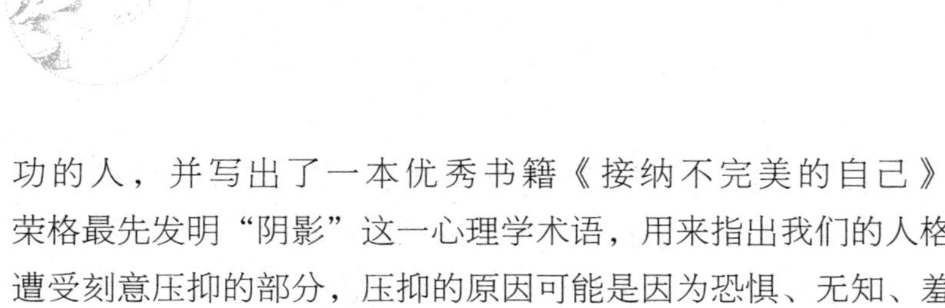

功的人，并写出了一本优秀书籍《接纳不完美的自己》。荣格最先发明“阴影”这一心理学术语，用来指出我们的人格中遭受刻意压抑的部分，压抑的原因可能是因为恐惧、无知、羞耻心，也可能是爱的缺乏。荣格说，如果我们能承认和接纳人格中的阴影，就会对精神生活产生不可估量的影响，而要做到这一点，我们就必须直面阴影，让它成为我们人格的一部分。

要追逐光明，你就必须拥抱黑暗。当消极的思想和情感受到刻意压抑时，与之相对应的积极思想和情感也会被波及。事实上，我们的每一个缺点背后都隐藏着优点，每个阴暗面都对应着一个生命礼物：好出风头只是信心过度的表现；不讲条理说明你内心自由；胆小能让你躲过飞来横祸；泼妇在有些场合是解决问题的最好方式……阴暗面也是生命的一部分，只有真心拥抱它们，我们才能活出完整的生命。我们只要把自己生命中令我们恐惧的“阴影”部分削减到适度，它们就是我们生命中的正面能量。承认黑暗，从黑暗中找到礼物，逐步成长。人生的成长，是这个承认、改正、进化的三部曲，它和“假如”一点儿关系都没有。

把“假如”从生命的字典中剔除掉。

活在当下，接纳自己。把自己本身当成是上帝给自己的最佳礼物。然后，用正确的方式对自己好。行善，知止，悲悯，这才是活着的正道，这才是生命真正修持的开始。

» 粗心：被栽赃最多的词语

我小的时候把题做错了，考试的时候被扣了分，没有在班级名列前茅，我想在父母面前替自己辩解，就会说这是因为自己太“粗心”了。“粗心”和“笨拙”完全是档次不同的东西，它们在质地上的区别和东施、西施间的差别有一比。说自己“粗心”了，表达的是这东西我“会”，但我“不小心”把它弄错了；如果弄错的原因是我“不会”，那可是和呆笨是一码子事儿。我小时候会制造“粗心”的事故，把某个字故意写错，以便让老师当着同学的面“批评”我“粗心”。那感觉一点儿也不难受。

“粗心”是柔软得有些羞怯的一个词儿，以至于这个词和“笨拙”这个词动不动就被弄混淆。这让我替“粗心”这个词语抱不平，它替另外一些长相不那么好看的词语背了太多的黑锅。

为人父母的说起孩子考试不理想，使用最高频率的理由就是“我的孩子太粗心了”。一些父母给自个儿的孩子分析各科的考试成绩是这么说的：“你语文粗心扣了3分，数学粗心扣了4分，英语粗心扣了2分，化学粗心扣了5分，物理粗心扣了1分。你若是不粗心就会多得15分，你在班级里得往前多少名呵！”听听这是什么逻辑？考试时候孩子的真粗心不是没有，可所有的孩子都会粗心呵，最终的分值大抵就是所有孩子扣除集体粗心后的结果。

更多的事实可能是这样的：没有什么结果是粗心造成的，是学习上的不扎实造成的。

我几乎没有听到父母说自己的孩子蠢笨。就是父母双方都是初中毕业生，他们也会以为自己的孩子即使上不了北大，也该上复旦。更多的孩子考得让家长不理想，家长就会说：“别的同学能考好，你怎么就考不好呢？”说白了，说自己的孩子笨，就是承认当事的家长自身也笨。孩子是自己遗传因子的结果，当然承载着自己的遗传基因。孩子是我们“自我”的重要组成部分，我们不愿意承认自己的这部分“自我”是不聪明的。

假如我们做家长的在各方面不够出类拔萃，就别责怪自己的孩子在各方面不够出类拔萃。不是出类拔萃不好，而是那不是你孩子的命。假如你的孩子碰巧比我们的人生出类拔萃了，我们真的应该感恩，感恩上苍赋予了我们的孩子比我们更优秀的生命基因。

对于孩子，我们尽到自己的努力就很不错了。假如我们能够在平时的言谈举止中不给孩子以坏的影响，我们就算尽职了。如果我们再能给予孩子良性的启迪与开导，在许多细节的事情上加以温柔的坚持，那么，我们就算是一个合格的家长了。对于孩子，我们擅长使用抱怨、督促等手法，以便让孩子快马加鞭超过别人。说白了，无非是家长把自己的焦虑移情给孩子罢了。一个焦虑的家长是有问题的家长，是给孩子坏影响的家长。不懂得这个坏影响的，更多的是我们家长本人。

» 大痛苦和大快乐

李银河曾经写文章，把痛苦分为大痛苦和小痛苦，把快乐也分成大快乐和小快乐。她说，人生在世，要经历大大小小的痛苦。所谓大痛苦，就是生存之荒谬感。生存本来就是荒谬的，一切纯属偶然。如果看透了这一点，许多小痛苦就会变得不在话下，比如亲人的离世，比如朋友的背离，比如仕途的蹉跎，比如事业的成败。什么样的快乐是李银河眼里的大快乐？那就是生命本身的奇迹。我们能成功地来到这个世界上，能成为一个人，能感觉，能思想，你知道这个概率有多小吗？我们每一个人，就是因为是人，是中了一个百万分之一几率的大奖。我们每一个人都是这个宇宙中的幸运儿。在李银河眼里，我们怀有一个大快乐，大惊喜，生命中已经蕴含着巨大的快乐了，其他的所有小快乐都是为这个大快乐锦上添花的，比如有了钱，有了权，有了名；比如肉体的快乐，精神的快乐。

李银河的这个说法对我来说很受用。好的东西就是能够对我们的实际生活产生极大的受用性的。比如，哪一天我又被哪一个人或者哪一件事惹得痛苦了，过去能痛苦比较长的时间，现在就会开导自己，痛苦得比较短了。就是因为我想到了李银河所说的那种大痛苦。生存真的是荒谬的，等在我们面前的肯定是不会错过的死亡和疾病，还有不断来临的衰老让我们亲眼目睹。这样的大痛苦都是躲不过去的，我们一定会轮到有不得不对付它们的那一天。那么在它们还没有来临之前，那些小痛苦算得了什么呢？如果我们在大痛苦还没有来临之前，就这么肯把自己生命的能量拿过去和这些不值钱的小痛苦较真，那么我们的一生还有什么开心可言？

李银河的大快乐观对我也极具使用价值。还是在不开心的时候，虚无感来临的时候，此时最容易导致的结果，就是认为活着真是件没劲儿的事情。这个时候我就会让自己想一想李银河的大快乐观。我已经奇迹地成为一个人。我的出生是父亲的亿万个精子之中最奇妙的一个而造就的。它导致了是我而不是另一个人成为现在的我的这个生命。这个想法都会让我开心得笑出声来。然后，好好地把日子过下去吧，一生有始有终地活，也不过两万来天，而且一半时日已经过去，我怎么使劲儿地活也活不过一万来天。过完了这些日子再考虑不活的事情吧。这么一想，那些虚无的事情就忘记一大半了。

李银河的这个观点可以受益于每一个人。大痛苦和大快乐属于每一个地球人。假如一个人愿意好好地活，那么，他完全可以省下心思不去考虑自己是不是一个含着金钥匙出生的人，是不是比别人长得不好看或者是不是比别人混得惨淡。它普世。好的价值观都是普世的。

人的一生，最大的敌人其实不是具体的哪一个人，最难做成的也不是我们想捞着一个多大级别的头衔，想挣下一个多大数额的金钱，而是如何学会和自己的负性情绪和平相处。我们一生当中始终在搏斗着的，其实就是自己的负性情绪。谁能解决了这个难题，谁就是最智慧的人。哲学的产生，心理学的产生，其实就是为了让我们自己了解自己，了解别人，最终的目的就是学会和自己和平共处，让自己不折磨自己。李银河的大痛苦和大快乐观就是一种让我们不和自己较劲的哲学观。

» 得到想要的和享受得到的

朋友发来一短信——人生有两大目的：得到想要的东西，享受得到的东西；只有聪明人才能达到第二个目的。短信每天都能收到，收到了也就删除了。可是这个短信在我的手机里放了两个月了，我一直没有舍得删除它。我需要时时翻开它，用来提醒自己的活法。

上小学的时候老师问孩子们长大了想当什么，孩子们回答想当世界首富，想当科学家，想当将军。小孩子们连律师、教授这样现实中已经很带劲的职业都不屑于去当，要当就当最大的。望着孩子们红扑扑的小脸蛋，老师对孩子们的理想很满意，鼓励这样想事的孩子，说他们有出息。可是，一个行当里面最大的只有一个，而孩子很多。大多数孩子的理想注定未遂，混到够老旧的时候才知道，自己的理想只剩下别生病就好了。

我们的生命与生俱来被安装的都是“得到想要的”这么一种运行程序。时间推动着我们，像一台自动洗衣机自动地去启动这样的程序。我们永远有想要的东西，我们每天都在付出行动，为的就是得到它们。得到一百万元的人前面还有千万元的，于是去追；而已有千万元的前面还有上亿的，于是去追；当了处级干部的前面还有局级的，于是去追；出了两本书的前面还有出五本的，于是去追……那些得到的东西是来不及去享受的，没得到的那部分才算是自己的目标。可是，挣钱，升官，这样的东西是需要付出大量心血的，甚至是要付出或阳或阴的计谋的。少数绝顶聪明的人对这样的提升还有些运筹帷幄的能力，在这样的人际周旋之余还能游刃有余。更多没什么智慧的人也选择这么一种活法，这是一种极不容易开心的活法。岂止是不开心，简直是遭罪。这样的人一辈子都在焦虑，躁动。因为自己的心不安稳，他们更容易抱怨别人，抱怨自己的命运不济。

“享受得到的”是一种让自己开心的价值观，是一种最聪明的“活在当下”的科学理念。他们是知足的，而知足者才能常乐。当然，这种心境的获得是通过艰难的修持和刻苦恒久的反思才能获得。一些没有经过心灵建设就穷开心的人，那样的开心质量也不让人信服。这样的人可以在一瓢饮、一箪食中安稳，继而把生命的能量使用于让自己有兴趣、有心灵建设的那么一种事物之中。更有哲学家说，一个不花钱就能开心的人才是最富足的人。其实，那些最能穿越我们心灵的东西真的是免费的，比如享受阳光，比如爱，比如友情，比如诵读一首诗，比如听一曲交响乐，比如让一颗心和自然的东西相联结。

如果我们有权有钱有爱，那么就去用感恩的心情去享受这些好东西。没有过人的职务，我们还有家庭；没有家庭，我们还有友情；没有多余的金钱，我们还有自己的兴趣；没有抢眼的青春年华，我们还有健康；没有健康，我们还有一颗感悟的心灵……我从来没有见过一无所有的人，假如一个人一无所有，那么他一定是精神意义上的一无所有，这样的人，他睡在多大的别墅里面也还是一无所有。

只要我们不是一无所有，我们就去享受我们已有的。

» 接纳黑暗比追求美好更重要

我们的生命中有许多原生的欲望，追求美好与对物质的诸多贪欲组成我们的欲望之源。我们当然愿意使自己做成一个越来越有质量的人，追求美好便是实现自我的一种修持。但是，另一种学习比追求美好更重要，那就是接纳我们自身的黑暗的修持。

如果我们承认幸福或者安稳是活着的最大愿望，那么痛苦与纠结是阻止我们幸福或者安稳的最大阻力。追求美好是一个艰难的过程，这个过程既是一种修为，也是欲望过程，而欲望必然就会导致身心的痛苦。无论我们把自我的实现提升到一个怎样的高度，在人群的比较之中占据怎样至高的位置，假如我们不会处理自己的痛苦，焦虑和绝望依然会统治我们。焦虑和绝望不会因为我们外在的自我实现就会让我们幸福和安稳。我们依然是一个被负性情绪管制的人。我更倾向于认为，一个更靠近地实现了自我的人，是一个与自己的负性情绪和平相处的人，而不是那些外在物质与地位指标在显性的高处的人。那些被痛苦与焦虑管辖着的痛苦的人，在我看来依然是一个失败的人。我还认为，一个能与负性情绪和平相处的人，更容易产生对真的、善的、美的东西的抵达与享受。张德芬也认为，灵修不是一味去追求善的、好的、美的，而是愿意去接纳丑的、恶的、负面的，否则就是修错了方向。

史上最著名的悲观主义者叔本华也对“开心”这个情绪大力地褒扬，他认为开心是直接而立即的收获，是幸福的现金支付，不像其他的福分只是幸福的支票。只有开心才能让我们立刻快乐，而不是其他。叔本华开导我们要多抱有这样的开心时刻，把它邀请来当作我们日常的主要情绪。事实上这样时常的开心叔本华也做不到。也许正是因为做不到，他才把这种情绪分析出来，要求自己去做到。现实生活中，偶尔的开心也许不难，相对持久的开心和心态的平稳简直是太难了。开心即“快感”、“快活”，当初我们的祖先在遣词造词的时候就察觉出来了，“快感”、“快活”是一种比秒还“快”的一种感觉。倒是焦虑与痛苦，它们频繁地来临，一来临就不是“快”走，而是像钝刀子一样宰割着我们。我们的生活之中，很多流行歌曲都在诉说着痛苦，失恋的痛苦和不适的痛苦。有一些表达快感的歌曲，也更像是对于痛苦的一种宣泄。最不陌生的经验情绪，一定是痛苦与忧郁，还有无聊和绝望。

我们的情绪是有历史的，它是多种内容的组合体。在《情绪的历史》这本书里，恐惧被列为是人类最早出现的一种情绪，这是因为我们的祖先处于极度恶劣的生存环境中，一不留神就要被野兽吞吃。这使得我们的祖先时刻处于提防它们的恐惧之中。愤

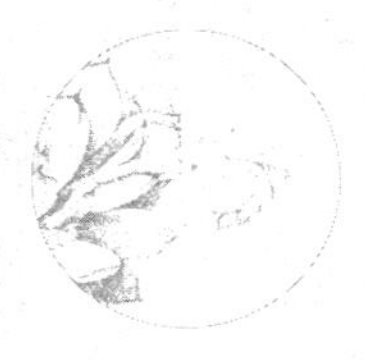

怒、恶心、悲伤、嫉妒、蔑视、羞耻、尴尬、惊讶、快乐，这些是组成我们情绪的主要内容。和我们的日常经验吻合的是，快乐只占诸多情绪的一小部分。我们的一个极大的认知错误是，认为自己所有的情绪应该都是快乐的。这是因为我们对情绪的历史和情绪的内容太不懂得，对于不懂得的事情，我们就会犯下一些错误。错误的理解让我们痛苦。这么多的情绪，而且是这么多的负性情绪内容，它们天然地存在于我们的情绪容器里面，随时启动它们的功力。我们只要不接纳它们，就会形成抗拒心理，而抗拒是会给被抗拒的情绪增加能量的，就像打乒乓球，我们有多凶猛地拍击那小小的球体，它反弹的力量就会有多大。我们唯有接纳它的存在，它才不会回击我们。

接纳负性情绪是要我们付出努力的，它才是我们一生中最重要的一门功课。如果我们不与我们的内在的灵性相接触，我们根本没有能力真正学好这门功课。在身心灵课堂上，愤怒、抑郁等负性情绪是最具灵性的情绪之一，是一份灵性上的邀请，邀请我们成长。这些负性情绪的出现，是告诉我们的内在有这种问题，有这种垃圾一样的东西存在。我们一旦信任外界的幻象，就容易被外界的东西所真实地阻隔，我们的坏情绪就会是真实的。佛家有言说：本来无一物，何处惹尘埃。是的，那些我们认为的导致自己心火的东西，本质上不过是一些虚假的幻象，是我们人造出来的故事。那些别人对我们造成的所谓中伤，原本也是别人在虚假地创造他们的故事中弄出来的一个情节，我们是别人故事中的配角而已，我们完全可以认为和我们不相关。意识到这一点，外部世界的投射就难以伤害着我们了，我们也因此有了内在的力量。

罗曼·罗兰认为：只有一种英雄主义，就是在认清世界真相之后依然爱它。对我而言，世界的真相只有一个，那就是它只是一种幻象。就连我的所有情绪都是一种投射，既然如此，我只选取让自己产生正向能量的那种投射。心理学中有一个故事，说的是每个人心里都有两匹狼，一匹是好狼，一匹是恶狼，那么这两匹狼之中，哪一匹能活下来呢？答案是你喂养的那一匹狼会存活下来。既然如此，我就有意识地喂养自己心中那一匹好狼，为的是我自己的快活。是的，我过去把勇气这样的东西表达成心无所畏，现在不那样认为了，我把它当成是这样一种能量：我虽然感觉到了恐惧与纠结，甚至痛苦与无望，但是我却可以带着它们前进。现在我只培育这样的力量，它才是我的生命中那种叫“勇气”的东西。

» 人生与悬念剧

看了一个人写的文章，是说当年热门电影《风声》的。作者说，这部电影最大的败笔就是宣传的时候说得太多了，演员说得多，剧情说得也多。最重要的让人很早地就知道了剧中的“老鬼”是谁，这让看电影的时候悬念皆无。

我早就知道这部电影是根据我喜欢的当代作家麦家的小说改编的。我无条件地信任麦家的才华。因此，当年他的小说改编成的电影，我肯定是要看的。看电影之前，我不看有关这部电影的介绍，不想知道它的结局。有朋友试图想给我述说这部小说的细节，我也拒绝去听。我就是想一无所知地坐在电影院里听风声。

感觉很好。我的听力和视力、注意力被电影挖掘到极度敏感的程度。我看电影有一个毛病，就是电影里面出现一丁点儿没有意思的地方我都容易睡觉。看这部电影我连一个小盹儿都没有打。我不知道“老鬼”是谁真好，这让我深深地进入故事的悬疑之中。一直到最后的谜底揭开，重新理顺已经过去的情节，感觉做了一个迷幻的好梦。

看悬疑剧一定是不能知道谜底的，谁若是知道了谜底，好奇心定会全无，整个电影的魅力定会被大大地打了折扣。

想起一个故事。美国一剧院上演侦探剧，也是一部惊险迭出的片子，最后一分钟悬念解开，真正的凶手才被告知。一个美国人来到剧院，因满场，他花了十倍的价钱才买到一张方位好的座儿，这个时候大幕已拉开。一侍者把美国人领到位子上，讨好地说，先生，位置不错吧。美国人光想看戏了，没有给他小费。侍者接着说，来份节目单如何。美国人说不用了，谢谢。侍者说，散场后您是否希望叫辆出租车……美国人烦了，对着侍者吼起来：见鬼，你给我滚远点，不要影响我看戏。没得到小费的侍者生气极了，他要报复这个美国人。他对着美国人的耳朵，然后伸手指着舞台说，瞧那个园丁，他就是凶手。美国人沮丧至极，他花高价买来的新奇与刺激，全被这个侍者弄没了。

看体育比赛也是这种情况。为什么现场直播的魅力远远地大于实况转播，就是因为胜负的未知，悬念的未解。没有什么是不可以发生的。这是一句充满魅力的话。体育比赛和侦探片一样，其魅力都在于悬念未了的过程。不到最后一分钟，结果都可以被修改。从某种意义上讲，看球的过程比知道足球的结果有意思得多。

人生就是一出悬念剧。人生就是一场足球比赛。人生不满百年，这不妨碍我们活着的时候怀着好奇心去生存。假如生活没有了希望，人都会活得丧气无比。其实，人生的希望很多时候如同小狗前方的一块肥肉，而且这条小狗能不能追上肥肉还是个问

题。可是，这块肥肉的存在具备太多的意义，追逐这块肥肉的过程或许就是意义的过程。假如一个人活着的时候就被告知什么时候死亡，我敢说所有的人都会活得毫无意思，而且，那样会极大地调动人性的恶。谢天谢地，我们的人生从来都是一场现场直播的悬念剧，而不是一场转播剧。人生转瞬即逝，我们知道死亡绝不遥远。谢天谢地，我们在活着的时候不知道上帝什么时候才能踢进去那记死亡的点球。这样我们才可以怀着好奇心活下去，假装不知道有死亡这回事儿。

» 人生自助餐

第一次吃自助餐是20世纪90年代初的事。一次应酬中，我和女友被领到一个餐厅吃自助餐。我和女友不知什么是自助餐，就在那里呆坐着。看着别人一个一个地都离席而去，我们还很奇怪。然后知道了自助餐原本是自己去取所需之食物的。太过瘾了！我准备大吃一场啦！想吃什么吃什么！想吃多少吃多少！是不是可以这样认为，整个餐厅里的美味佳肴都是我的啦。那一刻，我觉得开自助餐的老板真是个傻帽，这么一种用餐方式，他不赔死才怪呢。

事实上，我只吃了两盘子菜肴而已。想多吃，胃里没地方啦。再吃，就遭罪了。当时，我的一个亲戚开自助餐馆，她不仅没有像我一开始想的那样赔钱，却获取了很大的利润。她如今的事业很红火，第一桶金，就是从开自助餐馆取得的。

自助餐一开始迷惑了我，是因为理论上的一个事实是成立的，就是我们交上一份钱，完全可以吃光餐厅里面所有的东西。问题是，我们根本没有那么大的胃口。其实理论上成立的东西很

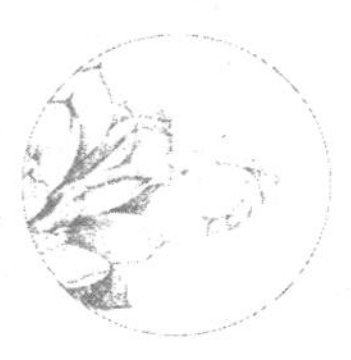

多。比如，我们可以走遍世界的每一个角落；我们可以和任何一个美丽的女人谈一场爱情。实际情况却是，我们的一生，只能走马观花地去几个所谓的“旅游胜地”，坐着旅游车，上车睡觉，下车撒尿，景点拍照。我们不仅不能和所有的美好异性谈情说爱，甚至这一生，达成一次铭心刻骨的恋爱都属奢侈。

从自助餐我想到了很多。比如，我们总是高估了我们的需求。我们得经过多少回驴子磨面似的兜圈子，才知道我们的需求真的有限。当然，物质的绝对贫乏是令人恐怖的，它会让人丧失太多，包括尊严，它会让我们活得像个生活的奴隶。我想说的其实是我们饱足之余，安歇有室之后，我们的需求真的是被大大地高估了。

生活其实就是一场自助餐。假如我们食欲旺盛，肠胃对色香味充满热烈的感情，那么我们的盘缠得以支付我们所需要的那一份美食，就足够了。即使我们每天想去高档的餐厅取回我们需要的食物，也一定有个支付的限度。我们大可不必非得为自己的每一餐，预备下整个自助餐厅里面的食物，仿佛这样才安全。事实上，我们的欲望本能地把我们牵引向物质利益越多越好的方向，我们也像一头蒙住眼睛的驴子跟着自己的欲望往前跑。我们忘了反省一下自己，把价值连城的生命能量和时间，用于制造人生自助餐里面我们吃不着的食物，这样做有没有意思。

诗人北野说，生命所拥有的全部财富，也就是一点诗意了。这个物质至上的时代，诗意却是最不值钱的东西。物欲活络的时代，谁诗意，谁仿佛就是自绝于人民。一个把真正的财富弃如废纸的时代，怎么不会让人仅仅活成物质的人质？一个精神的存折上数额短缺的人，该是多么贫乏而毫无意思。

» 商场是创作我们欲望的地方

商场作为提供我们生活用品的场所，在现实生活中越来越成为创作我们欲望的地方。

一个我认识的小娃娃喜欢喝甜品饮料，小的时候大人给她买来一种叫作“娃哈哈”的饮料，很对她的口味，然后她就不停地要这一种，因此她感到很快乐。后来她长大了，可以和大人们一起逛超市了。她一下子开了眼界，原来好喝的饮料有这么多！从此她给自己许下了愿望：尝遍所有品牌的饮料。家长开始给她买各种款式和口味的饮料，她却总是不满足，因为她每一回到商场，总会发现又有新的品牌饮料在诱惑着她。其实，是商场的琳琅满目创作了她的欲望。

小孩子如此，大人们更如此。大人们比小孩子更狡猾，大人们往往打着“品味生活”这么一种旗号。电视机原本是告诉信息的工具，在几十年前黑白电视机问世了，有画面，有移动着的人，有说话的声音，这样的发明简直让我们震惊了。古人们哪里能见到这么好玩的东西！活在今世真是过瘾。才几年时间，黑白电视机就进了历史博物馆了，过去占地不小的那种驼背的电视机也已进入历史博物馆了。现在被制造出来的是液晶电视机、等离子电视机。刚出现液晶电视机的时候我们也呆住了，对发明出它的科学家佩服得要命。现在我们又会不停地往商场里跑，因为更清晰更美妙的电视机在不停地被科学家搞弄出来。真是奇怪，我们总是倾向于更好的东西。科学家们创造了更好东西的同时，便也就创造出了我们对于这更好东西的欲望。

我愿意臭美，就去买衣服。这事儿没怎么断掉。为什么？就是因为商场里总会有新款的衣服被设计师们创造出来。我去逛商场的时候，不是因为我没有衣服穿了，而是因为我要看看设计师们又创造出什么衣服来了。他们创造出对我口味的衣服也就顺便创造出了我的欲望。我曾经打着爱美的旗号不停地买衣服，现在我明确地知道是商场里面的衣服挤眉弄眼地在诱惑我，而我又是个禁不住诱惑的女人。被诱惑就像物质自由落体那么容易，禁得住诱惑却要揪着自己的头发离开星球，需要克服自身的体重，更要有超乎寻常的意志力。在生活的必需品不困扰我们的情况下，其实那些能用钱买来的东西并不能使我们幸福。倒是它们的不断积累，反而耗费了我们的精力。作家柯云路曾说，对的社会是让人的欲望变得越来越小的社会。这是个真话。更大的真话是所有能用金钱买回的东西都不是什么值钱的东西。别墅也不是。我们住在一间一百平方米的明阳的房子里面，完全可以生活得很好，一个心理和身体都健康的人完全可以心满意足。互相比较的社会里面几乎没有人因此心满意足，几乎所有的人都向往有大别墅，越多越好。其实是我们的虚荣心在作祟。我们用拥有别墅的大小来说明我们在人堆里面的位置，用所谓的品位生活去炫耀我们比其他人高贵的程度。

在这个物质的发展稍慢一点儿都要弄出经济危机的社会里，是绝不允许诱惑我们的东西稍慢一点被发明出来的。物质需要飞，生产力需要飞，人的欲望需要飞。一个一个像飞行器一样的肉体，远离心灵和灵魂，远离爱，能有意思到哪里去？

» 特立独行的人

在晚报上读到了一条消息，说是在2003年，美国一个五口之家，汤姆和凯西夫妇，外加三个孩子，他们卖掉了两套房子和车子等财产，买了一只小船，全家人开始了环球航海之旅。临行之前，汤姆辞掉了听起来挺像样的儿童心理咨询工作，凯西放弃了自己的护士职业。那个时候，他们最小的孩子才7岁。推算起来，他们的三个孩子应该都是在读的学生。他们的父母让他们丢掉了应试教育，外出去航海。七年之后，他们一家周游世界回来，得到的最大感悟就是“越是身外无物，笑得越开心”。

稳定的生活是个大套子，即使你居住在硕大的别墅里面，工作在豪华的办公场所，你也是个套子中人。社会的规则是个大套子，人际关系是个大套子。所以契诃夫早就预言了都市里面的集体生活，写出了经典作品《套中人》。可是，看似强大实则渺小如蚁的我们根本离不开套子的遮蔽，几乎没有人不乖乖地躲进繁华而安全的套子里面，仿佛巨大磁石对于铁屑不可抵御的吸纳力。虽然套子里面的生活让我们心烦意闷，荒诞与混乱得有时直想让人跳楼，可是，太多的人会待在套子里，和别人周旋，过着对上司像个哈巴狗、对下属像个开屏的孔雀一般的生活。有一个寓言，说一个卖豆腐的老头，每天晚上都会对着亲朋好友慷慨言说一番，表达自己的远大理想，说着即将就要采取的行动。可是，第二天一早，他还是挑着蒸好的豆腐去街头贩卖，一辈子就那么过去了。在酒场上，我见识过太多的熟人拍案而起，策划着去过想过的生活，像对待阶级敌人那样和让人讨厌的世俗生活决裂。可是，第二天，他们又乖乖地折回自己的所在地，把社会化面具戴在脸上，过起皮笑肉难笑的日子。其实，在酒场上，豪言壮语还未结束，我们就嘲笑彼此，说我们就是那个卖豆腐的老头，无非是有着头衔或者戴着领带或者穿着布拉吉的老头，第二天卖自己的豆腐去吧。

太多的人，一生真的就是这么一个卖豆腐的老头。《欲望》的作者美国心理学家威廉说，在选择生活方式上，大多数人会毫不犹豫地顺从他们生活在其中的社会规范，顺从代表了一条最少抗拒的道路，如果顺从，你的生活方式与你周围的人所选择的生活方式一样，别人会赞成你的生活方式。人们倾向于表扬那些与他们相似的人，他们会给予你羡慕和尊敬作为回报。

大可不必为汤姆他们风里来雨里去的生活抒情，认为那种生活该是多么地浪漫和安逸。他们一家七口，承担的风险和吃的苦头，比在既定的工作和房子之间来回蹿动的人多了不知多少倍。但是，他们就是不想做那个卖豆腐的老头，因为一点儿也不好玩。他们知道卖豆腐是个安逸的活儿，可是，他们不想总在这种安逸的乏味之中。他们知道人生有限，时间紧促，他们要的就是有所尝试、用眼睛和脚印去丈量壮美或者凶险河山的生活。他们需要把生命投入到巨大的不可知之中去冶炼。

亚里士多德曾说，一个感觉没有必要生活在社会中的人，不是野兽就是上帝。大多数人既不是野兽又没有智慧成为上帝，所以只能选择顺从社会规范这一条最少风险的路。威廉在他的《欲望》之中，专门为“特立独行”的人写了一章赞美诗，他说，特立独行的人是值得关注的，不是因为他们能够驾驭一般的欲望，而是因为他们在很大程度上驾驭了社会欲望，即获得周围人羡慕的欲望。特立独行的人不仅不喜欢其周围人所喜欢的很多东西，而且会提出很多之所以不喜欢这些东西的明智理由，这种行为暗示了他们周围人的爱好都是愚蠢的，因此而推导出他们周围人在某种程度上也是愚蠢的。他们的邻人们并没有忽略这些暗示，特立独行的人很快就遭到了他们的仇视。这也是当一个特立独行的人有多么艰难的原因。

我从来没有见识过一个“循规蹈矩”的人活得多么有意思，即使他们已经取得了社会意义上看起来巨大的成功，整天乏味地坐在主席台上，手里提溜的手袋的价格比一个普通工人一年的收入还高。也从来没有一个在物欲与权欲之中兴奋得抽筋的人让我产生内心的仰视。让我一生去敬畏的人，一定是那些特立独行的人。他们有力量从社会习俗的巨大惯性中抽身出来，去做他们自己想做的事，成为自己想成为的人。当然，不是每一个特立独行的人都是值得尊崇的，一些自身缺乏力量和智慧的人，选择了貌

似特立独行的生活，只能让人看着更别扭。特立独行的人和伪特立独行的人，他们的区别是真先锋和伪先锋的区别，这两者生命真实的质地差老鼻子远了。

» 体谅虚荣

小说家麦家得了本届的茅盾文学奖。这是我们国家含金量最高的文学奖之一。麦家说，他平时是个很警惕虚荣心的人，可是他发现自己拿奖后依然很开心。麦家分析了自己的开心和自己的虚荣。作为小说家的麦家平时一个人待在家里写字，其实是很虚无的，虚荣心可以对抗一下自己的虚无感。

麦家是我最喜欢的中国作家之一。我喜欢他的知性，还喜欢他文字里面的味道。这么智慧的麦家，也是有虚荣心的，这让我感到，虚荣心在人的生命中存在，该是多么正常的事情。而且，对于虚荣心，麦家解释得多么准确：虚荣心可以应付一下生命的虚无。这又使我感到，一个人正常存在的虚荣心，是多么值得体谅的事情。

可是，我发现几乎所有的人，当然包括我，一眼便会认出别人的虚荣心。无论自身的虚荣心有多强的人，第一时间就会辨认出别人的虚荣心，并且绝不原谅。发现别人的虚荣心，一个稍有智商的人都能做到，根本不需要学习，简直就是我们的本能。我

们也多么容易在背后嘲笑别人有多么虚荣，仿佛我们自己从不虚荣。我们每一个人都是他者的别人。我们每个人都会被他人嘲笑。我曾经试图不那么苛刻地知晓别人表现出来的虚荣心，可我发现我几乎做不到，别人一虚荣，我就明白了，就在内心发出嘲笑。我现在狡猾了一些，当着别人的面显得让其看不出来了。

心理学有个说法，就是被我们一眼看出来的别人身上的毛病，是因为这些毛病在我们身上都有。事实上，被我们嘲笑着的别人身上的虚荣心我们都有，我们的身上甚至不比别人更少一些虚荣心。生而为人，我们很难不虚荣。麦家多么好心而且慈悲地说出了虚荣心存在于我们凡人之间的合理性。因为人生的虚无。哲学意义上的人生虚无是多么确凿。总有一天，我们会发现作为个体的我们其实是多么孤单无依。总有一天，我们会发现即使在集市的人群中，我们其实还是多么孤独和寂寞。我们逃离到人群中去，其实就是为了逃离自己的无聊和寂寞。可是，无论我们怎么逃离，生命的寂寞是一件怎么也甩不掉的内衣。我们最需要的就是别人的真爱，发自生命里面的爱。可是我们的生命中最缺失的就是这个。我们给不了别人爱，别人也给不了我们爱。我们只爱自己。我们太会爱自己。爱的缺失让我们虚无。况且，往最好了说，即使我们达成有爱的人生，虚无也是抵抗不了的。我们权力在手，大量的纸币在手，照样逃离不了虚无。死亡和疾病在不远的前方虎视着我们，而且它们不可能忽略我们。这已经足够让我们感到虚无。

我们愿意好好地表现自己，让自己在人堆里面出类拔萃，其实就是为了制造一点儿虚荣，让这虚荣来抵抗一下生命的虚无。我曾和一个作家说起自己的虚荣和别人的虚荣的问题。他说，用虚荣心来抵抗生命的虚无，这很正确。可是，得用自己的虚荣心抵抗自己的虚无，别人的虚荣心抵抗不了自己的虚无，因而是被排斥的。何况，别人的虚荣心衬托出来的是自己的平庸，这更加容易惹人不高兴。人生中有那么多的苦难。每个人都挣扎着在苦难的海里面游泳。无论我们的泳姿多么优美，其实都是在苦难的海洋之中扑腾着羽翅。小说家说出虚荣用来抵抗虚无，让我心生良善和悲悯。我愿意从此体谅和我一样在苦海中挣扎着的人，愿意体谅别人和自己偶尔显露出来的虚荣。尤其是对于别人的虚荣心，不再那么勤奋地使用着自己警犬一样的警惕。

» 我们都是讲故事的人

有一天上午，遇到一些不合逻辑的事和一些奇怪的人。我就和朋友议论说，这些人，真是应该回炉，让上帝把他们修理好了再投胎成人，省得让他们制造出更离奇的荒诞事。晚上，我和另一个朋友说起这些事情来，我们又心疼地说，都是一些欲望时代的难民呵，我们都无法处理我们眼前茫然的生活，他们只是无法处理自己的欲望，把自己迷失得太远了。

同一些事情，同一天，早晨和晚上，我居然对它作出不同的评说，不是一般的不同，而是完全不同。这让我非常可疑。当然，我不是对事件产生可疑，可疑的是我自己，我自己的情绪。我知道，事物是不变的，变化的是我看待这些事物的眼光。

米兰·昆德拉的小说《生活在别处》中写道："它只是偶然地产生的，突如其来，出乎意料地就来到你的头脑里。这个观念的真正作者不是你，而是你内心的某个人，人头脑中的一个诗人，这位诗人就是流过每个人身上强有力的潜意识流，这不是你的成就，而是潜意识流——它有偏爱——碰巧它选择你做了它的小提琴的弦。”这多有趣。我们以为我们现在的想法，我们想到的人，它们或者他们显得那么货真价实，在我们的头脑中映现出来，连发出的声音都是货真价实的。可是，它们或者他们竟然只是碰巧来到我们头脑中的，是我们无数的意识流中的其中一朵云流。它配合着我们的心理状态而到来。如果我们的心理状态是别样的，那么来到我们脑子里面的，就会是另外一朵意识云流，说着另外一种话语。

我知道了，我们每个人都是在喃喃地讲着自己故事的人。个人在讲个人的故事。别人都是我们故事中的配角。我们每时每刻都在讲着自己的故事。我们讲故事时使用的感情是真实的，但是，我们讲出的故事却是不真实的。它其实可以有不同的版本。无非是，恰巧因为我们的这一个情绪的到来而有了自己正在讲述着的这个故事的剧情。我们每个人都容易把自己的故事讲得凄惨。这是因为我们的自我太希望自己不凄惨了，太喜欢自己有着人类之中顶级的幸福了。而现实根本不配合我们，现实逆着我们的希望走动。我们的凄惨便开始有了两种速度相加的集合，我们希望的速度和现实否定的速度相加的集合。比我们的讲述更凄惨的，是我们相信我们的讲述，我们是我们讲述的故事中最认真的听众，我们比任何人都在自己的故事里面信以为真。

我开始对我的负性情绪产生质疑，无论什么样的负性情绪。一件事，如果它让我产生负性情绪了，我知道，这是我启动了我的心理防御机制。但是，防御机制的低浅是一个人未经修持的警报，也是我们生命力量欠损的泄露。心理学家米尔斯说，任何感情，无论是喜悦还是愤怒，是爱还是恨，都只是一种反应，但这是一种被动反应，所以很重要的一点是如何主动反应。

是的，我们要学会对自己的情绪有主动的反应，而不是跟随着随机而来的情绪去作出意识流一般随机的反应。我试着把自己当成一个额外的听众，别人故事的听众，自己故事的听众。我既不相信别人正在讲述的故事，更不相信我正在讲述的故事。我不相信的方式就是对故事不试图作出判断，无论是别人的故事还是自己的故事。判断是毁坏性的，它总是用“是”或者“非”来说事儿。而生活中最大的纠结制造者就是如此的“二元对立”。二元对立的价值观从来没有让我们得到安稳和良善，它总会导致我们忙着判断和否定。

假如我们倾听的故事不够美好，甚至很不美好，这又多么正常。故事大抵都是离奇的，甚至是荒诞的。我们只是一个倾听者。我们怀着玩味的心情听取世间的故事。电影里面动人的感情让我们心动，甚至流泪，生活里面动人的感情同样会让我们心动，甚至流泪。电影里的刀光剑影从来伤不着我们，那么，生活故事中的刀光剑影也应该伤不着我们。

假如我们时常认为别人讲述的故事是荒诞的，那么，我们也千万不要以为我们讲述着的故事就一定美妙动听。我们也是别人眼中的别人。做一个稳定的人、健康的人，首先从不把自己讲述的故事当真开始。这多么有意思呵。我现在就开始试着去这么做了。

» 我们就像一只把自己当成了猫的麻雀

这两天在读阿玛斯写的书《自我的真相》，胡因梦翻译的。阿玛斯是21世纪最重要的心灵导师之一，他告诉我们许多有意思的东西。他说，我们就像一只把自己当成猫的麻雀。这个比喻太形象了，我看了一眼，就记住了。

阿玛斯认为，我们受到的教育多半不完整，还有一些更根本的知识是我们从未听过或学习过的，因此我们并不知道有这些东西的存在。如果我们从不质疑，又如何能弄清楚什么事是对自己最有益的呢。

质疑的人是缺失的。我们那么容易相信自己的妄念。重要的是，我们特别信任自己已知的东西，肉眼看到的东西。其实，这个世界上，最大的真相几乎都是被遮蔽着的。我一直认为存在两个世界，一个是语言的世界，一个是真相的世界。语言的世界是轻浮的，它最需要的是讲述的通畅。我们无师自通地就能把真相遮蔽起来，以便为了表述上的通畅。而真实的世界是结结巴巴的，没有逻辑的，凶险的。真实的世界几乎是被遮蔽的世界。如果我们对于世界真相的了解是不及格的，那么我们一定会活得乱七八糟，也绝无可能是一个了解自我、了解人性的人。

不了解世界、不了解自己的人，特别容易在这个世界上活得错位。比如，一只把自己当成了猫的麻雀。麻雀原本也是个大自然的本然生物，有着自己的习性和能耐，还有梦想。如果麻雀去追求猫所要的东西，这只麻雀就活乱了。它一定会抱怨自己消化不良，因为它吃的是猫的食物。于是，它去找医生看病，找的也是猫的医生。医生给它开了各种各样的药，但是药效不佳，因为这只麻雀真正的问题是吃了不该吃的猫食。

阿玛斯告诉我们：如果我们不真正认识自己，我们就和这只麻雀差不多。我们的实相可能是某种形式，却认为自己是另一种模样。我们多么容易见识到那些所谓怀才不遇的人，看别人不顺眼的人。如果我们头顶上的压力太大了，是不是先不要去抱怨生活辜负了我们什么，不去为命运的不均衡而义愤填膺，我们是不是应该反思一下自己，是不是我们像麻雀那样吃了猫的食，建立了猫的梦想，拟化了猫的美貌。

我在博客上看到一对六十多岁的老两口，把自个儿的房子卖了，租房住。他们把卖房子的钱花掉，去周游世界。他们在世界上最漂亮的地方游走。我看到他们留在博客上的照片，那笑容，美呵，自然呵。他们说，房子不是家，老伴在哪里，哪里才是家。就是住在租着的房子里面，有老伴就有家。真真正正的相濡以沫呵。我看到这两个在经济意义上的“小麻雀”，他们做“麻雀”做得多么心花怒放呵。他们不假装自己是一对物质上的大花猫，整天做着忧心忡忡的房奴，活得气喘吁吁。

认识自己比认识外部世界要难得多。

» 吸毒是最坏的逃避痛苦的方式

明星吸毒的新闻又出来了好几起。其实，明星吸毒不是新闻，明星真实吸毒的人数比暴露出来的这几个人多许多，这也不是什么秘密。张元是第二次吸毒被抓，网络第一写手、才子宁财神也因吸毒被抓。几年前，长相看起来相当老实的满文军也吸毒被抓，挺让人意外的，人的那张面皮还真不能说明什么。吸毒后去投死的人也有，贾宏声就是。国外明星吸毒的也有的是，当年列侬和他的披头士也集体吸毒。

英国心理学家在《幸福之源》里描写过吸毒的快感，他把吸毒之类的快感称为“化学的幸福”。他说，许多人通过某种化学物质的帮助来寻求爆发式的幸福。吸食毒品作为追求快乐心情的极端方法，已经有几千年的历史了。如果少量使用麻醉剂，可以被看作是对感觉中枢反应进行探险，只是为了满足人类的好奇心。那么，频繁地使用它，就更像是日常生活中不能找到足够的刺激，或是内心的痛苦折磨使一些人感到沮丧或绝望，以至于逃避到受药物控制的世界里成为他们从现实中获得解脱的唯一希望。对这些烦恼的人，他们可以在麻醉剂奏效的时候体会到短暂的兴奋和幸福感的强烈膨胀，从而使痛苦消失一些时间。不幸的是，当人对毒品严重成瘾时，要为这样快乐的逃避付出沉重的代价。当毒品失效，重新回到严酷的现实中，会感到非常失落，很快又想来上一剂，一而再再而三。瘾君子们忽视了日常生活的另外一个方面，他们的健康受到损害，对毒品日益加深的依赖开始摧毁他们的生命。快感过后，随之而来的痛苦超越了它们。还有，吸毒是极其烧钱的事情，家破人亡，几乎就是吸毒者的不二命运。

看得出来，毒品对人的“好处”强烈，但足够的短，随后它造成的痛苦会无限地大。宁财神半真半假地说过，如果世界末日即将来临，那么他今天想做的事情就是尝遍所有的毒品。问题是世界末日没有期限，宁财神活着的日子还有许多，他吸毒的坏处一定会在他吸毒的那些短暂的快感之后迅速产生。张元也说过，他因与前妻离婚而产生的痛苦令他无法招架，就逃到毒品里面去。张元承认，第一次吸毒感觉非常好，思维也畅通无阻了，甚至创作灵感都被激发了，慢慢地，他对毒品产生了依赖。随后，毒品对他的伤害席卷而来，销魂之后，他非常难受，睡不着觉，人的精神变散了，感觉好像是在另外一个空间里面，记忆力也出奇地减弱。原本他是想通过吸毒找一个精神出口的，让心里的悲伤减轻，但越用反而感觉越差，可以说他用这些药物没有一次不令他更加沮丧。他的导演事业都受到极大的损伤，在民众中也产生了非常消极的影响。

人活着痛苦是注定的。这是个哲学问题。活着活着，生命的问题都产生了一大堆，旧的问题没有解决，新的问题又产生了。都是这样的。痛苦让我们想逃避。每个人都在以自己的方式逃避属于生命的痛苦。但是，逃避痛苦的方式却能让一个人彰显其意志力和生命质地。那些伟大的艺术家把自己的精力搁置在艺术创作里面，艺术创作本身的有趣让他们在创作中得到快感，在创作中他们描绘出人类的精神地图，把自己无明的灵魂世界照亮也把吸取他们能量的大众的灵魂世界照亮。他们也得到大众真诚的尊重。这才是顶顶健康地活着的方式。这样的方式让自己的身心都健康。如果没有天才的天赋，一些人可以通过旅游和做慈善的方式去发挥生命的能量。而正能量的发挥反馈给自己的，也一定会是正能量，只有正能量才能使自己的身与心皆健康。

有很多被称为“软性毒品”的东西会给人带来快感，而不会造成严重的后果。茶、咖啡、烟草和酒精，在适量饮用它们的时候是合法而能带给当事者幸福感受的。我们完全可以适量而舒缓地使用这些上苍赐给我们的东西。可是，如果过量使用它们，同样会给身体带来伤害。日常生活中我们看到多少饮酒上瘾的人，抽烟上瘾的人。他们把好东西给用坏了，把自己弄成一个让人看着难受的酗酒者和烟鬼，不仅伤害自己的身体也伤害亲密关系。

艺术家是敏感的，比普通人更敏感。敏感的人趋近于痛苦。我们很心疼敏感的艺术家，但是，再痛苦也有自己解决痛苦的底线方式。更多的艺术家并没有去选择吸毒，而是用正确的方式去面对人生的恐惧和痛苦。最有力量的心灵是选择对于痛苦的接纳，把痛苦用妥当的方式变成增强自己意识和意志的营养。吸毒是最坏的一种逃避恐惧的方式，法律都不允许。吸毒的惨败结果是注定的，一个成人，绝不能纵容自己去做一个任性的小孩，什么借口也不能逾越底线。

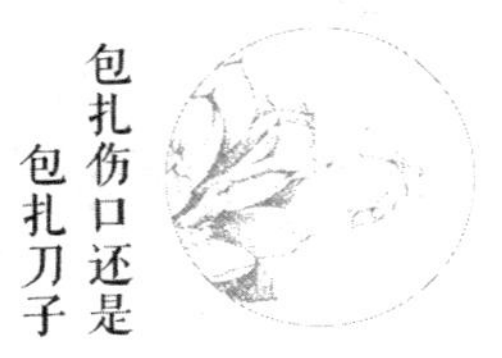

» 幸福的情绪有它自己的理性

一个年轻的以色列人，特别喜欢过幸福的生活。他从小就被大人和书本鼓励着，要想幸福，必须先成功。他从小就开始练习壁球，他要把壁球打得优异，为了成功，更为了幸福。他克服了练习过程中的空虚感，还有一些特别不适的感受。因为成功，他认为，忍受是值得的。16岁那年，他终于在以色列全国壁球赛中夺得了冠军。他站在前台上，面对全国观众的欢呼，他陶醉了。他果然尝到了成功的滋味。那是一种什么样的滋味呵，比全世界最好的食物都好吃。那一刻，他认为之前所有的付出，包括心理上的和身体上的，都是值得的，这等成功的滋味可以补偿之前所付出的一切。回到家里，他照样欢喜若狂，家人和朋友又为他举行了隆重的庆祝。是的，幸福的滋味太好吃了，他是世界上最幸福的人呵。当天晚上，他躺在床上，试图再回味那种成功的无限快感。忽然间，那种成功的感觉没有了。他甚至感到内心的空虚。他努力告诉自己，这只是暂时的神经过敏，成功的快感很快就会再来。可是，第二天，这样的好感觉没能再度来临。再往后，也没有再度光临。他甚至迎来了与极度的欢愉相反的感觉，那就是空虚，而且，这空虚之感越来越严重。这次经历，让他对幸福的理解完全改变了。他苦苦地寻思幸福这个东西是怎么回事儿。若干年后，他写了一本书，叫《幸福的方法》。他开始在哈佛大学开讲幸福课，受到越来越多的人的欢迎。

他就是幸福心理学的作者泰勒·本·沙哈尔。

幸福是我们活着的唯一追求。就是傻子都不难懂得这个实诚的道理。全世界没有一个人会弃绝对于幸福的追寻，这是个原定律。全世界的人正在干着各种各样的事情，其内在愿望都在奔向自己的幸福目标。可是现实却是，不幸福的人那么多，幸福的人那么少。从古至今，向来如此。

成功天然地成为我们追寻幸福的一个手段。我们的价值观，尤其是中国人的价值观，一直是这样的。我们小时候被教育着向成功的偶像学习，长大了继续教育着我们的后代向成功的偶像学习。老师们把学习成绩公布出来，让高分的成功者高兴，让低分的不成功者难受，继而让这难受的感觉变成动力去追寻成功。高分的成功者为了保住成功的态势，依然要争分夺秒保先进。这之中的哪一个状态都不会幸福。不要紧，我们被保有一个信念，那就是，有一天，我们成功了，我们付出的这一切都会得到幸福的补偿。我们甚至以为，一旦成功，那幸福的感觉就会像自来水那样随叫随到。

真是奇怪，尼采这样的大成功者，他不幸福，他不幸福得疯

了，他甚至死于这样的疯狂。更奇怪的是，我们继续向尼采学习，学习他的哲学，也不知道他的哲学是不是把他导向了疯狂。尼采的经历告诉我们，成功和才华可以让他有名，但是没有让他幸福。直到现在我才觉得，让我反思的，倒是尼采的成功和幸福的关系。

是的，泰勒告诉我们，成功了，也就是几个小时的幸福，然后，就是长久的空虚。

其实，即使是果真达成了的成功者，也是少数。金字塔的形状就是人类比较学上的模型，在塔顶的人永远是稀少的。那个塔顶被说成是幸福的位置，大家都蜂拥而去。登山的辛苦是必需的，因为那是成功的支付物。这些少数的抵达峰顶者，哪怕是支付了心理的和身体的磨损成本，也还算是幸福的体味者。更多的人，即使费了吃奶的劲儿也没有到达顶峰，即使付出了巨额的磨损成本，也没有和幸福来一次交换的快感。有多少人，一辈子就惦记着登顶这件事，以为成功了就会幸福了，以为过程中的不幸福就是因为没有成功。有些人，在没有成功之前，不是累死了，就是郁闷死了。真是让人欷歔。这样的人还少吗？

还有金钱，金钱也是一个成功金字塔模型的顶峰标志，引诱大家前去登攀。可是，有过金钱的人才知道，幸福只给了他们那一瞬间的感觉，温饱之后多余的那一部分的无用，有钱的人比没有钱的人更加明晓。我是个没有钱的主儿，但也温饱有余。我早就在哲学书里听到过这样的结论，但是，因为我不是一个金钱利益的获得者，我便没有资格淡泊它。我的一个女友，她的老公突然地发财了，她有了几辈子也花不完的钱。我便使劲儿地问她，她是不是变得幸福了。她笑笑，说，基本上没有增加什么幸福感，就是有，也就是有一点点，那就是没有了物质的压力。平时她背着两万多元的皮包，我问她，背这个包是不是幸福了。她说，和两百多元的包差不离，至多有好一点点感觉，绝不是好到和皮包的价格倍数相匹配的地步。我怕她说这些的时候受情绪影响，就反复测试过她，以便作为我的这个幸福哲学话题的实验结果。每一次，她都会认真地告诉我，果真有了钱，才知道，多余的钱，是真的没有用。没有这些钱的时候，她反而以为更多的财富会有用呢。

如果多余的钱没有增加多少幸福感，那么，为了挣这些多余的钱，得付出那么多的消极成本，得顶下来那么多的混杂压力。须知，钱，原本就不是好挣的嘛。那么，如果挣钱的过程不是幸福的，而钱又诱惑了它的挣取者，这是不是和成功对我们的诱惑是同等类型的诱饵呢？

是的，幸福的情绪有它自己的理性。这样的理性，是不能从大众趋之若鹜的东西里面去寻找的。我活了几十年，得出的一个结论就是，凡是大众喜欢的东西，避开它一定是对的。因为大众受着本原欲望的驱使，而本原欲望基本是导致人类毁灭的。上帝说，走窄门。上帝给大众敞开的是大门，那是一条死亡之路。而那需要用自己内在眼睛的开启去寻找的窄门，却是人类唯一的救赎之路。

幸福的情绪和上帝设置的自然规律是相吻合的。真的、善的、美的，都是符合自然规律的。我们的心灵和真善美的东西一接触，就会发出本真的欢快。可是，如今的我们，嘴唇上刚说出这样的词语，自个儿都觉得不好意思。这些词句和我们的时代隔绝得太离谱了，和我们真实的生存太不适宜了。是的，被现实遮蔽的，就是真善美。复杂的红尘，混乱的欲望，使我们生命中原本就少得可怜的真善美的品质给不出来。越是扭曲的价值观，越是阻挡人性当中的真善美。

世界上唯一越给越多的东西，就是爱。这爱，是仁，是大爱，是输出之爱。可是，我们的人际关系中到处显示的那种"爱"，是交换原则中的那种有目的的"爱"，是为了换回。这样的爱，是一种游戏规则，不是生命本真的焕发。那种生命中本真焕发的爱，在这样的欲望时代，在物质变得越来越成为主角的时代，我们既得不到她，也给不出来她。

是的，现代人的不幸福，是错误的价值观批发给我们的。是长久时间的零存换回来的整取。

幸福是一种欲望，同时，幸福这种欲望一定是一种没有副作用的欲望，或者，副作用要小剂量地伤害于我们身体的那种欲望，还要是有精神营养的一种欲望。吸毒是一种欲望，吸毒产生的快感也是真实的，可是，吸毒对身体的伤害却是极其巨大的，它能置人于死地。打牌是一种欲望，可是，那是一种轻浅的快感，毫无营养可言，它对生命内在质地的建设毫无用处，它们在本质上是一种休息性质的娱乐，其目的是短暂的放松之后，让生命的正能量继续支付。这种类型的欲望，还有很多，是和幸福无关的。

对于艺术及奥秘的探寻是一种欲望，艺术与奥秘里面有着丰富的美，并且永不枯竭。让未知变成已知是一种让我们变得丰饶的美，它让我们幸福。爱情是一种幸福。灵魂与身体共同抵达天堂的那一种契合，构成的是人间极端的美，构成生命的通天塔。爱情的达成，本质上是一种对于自己的找到。是自己与自己的合一。在爱情里面，也唯独在爱情里面，人间即是天堂。爱情的达成是一种上帝的恩宠，这样的恩宠几乎不是凭着我们自己的意志能够完成的。假如上帝赋予我们爱情，我们一定要像珍惜生命一样珍惜她。假如上帝没有赐给我们爱情，那么我们从精神里面寻找那个潜在的自己。我们从外部世界往回走，去与丢失的那个自己在内宇宙里面会合，与自己达成和谐，让自己的内心风调雨顺。

幸福和真实的自己有关，与安详的自己有关。如果我们与自己的分裂过于巨大，如果我们的面具戴得太多，幸福不可能恩宠我们。我们连自己是谁都会认不出来，何来真实自己的那种幸福？

是的，我这么一介凡人，活得卑微，但我对自己所追寻的幸福的解读，一点儿也不卑微，它不比世界上任何一个人的幸福更渺小。像简·爱对罗切斯特所说的那样，那种尊贵与平等，在上帝的面前是一样的。我所知道的幸福，就是做自己喜欢的事情，与自己喜欢的人多待在一起。用最少的时间去支付生活必需的物质成本，然后，看日月轮回，看风花雪月。用我们生命中纯正的情感，去种植一朵玫瑰，然后，一起经历一朵玫瑰变老的时间。我们的奢华，是一朵玫瑰的奢华，和外部世界的物质界定毫无关系。

» 哲学是一种治疗

我们都有这样的经验：从火葬场回来，看到朋友或者亲人被搬运到那个地方，活蹦乱跳的身体变成了灰，所有的人都会叹息，那是我们最终的去处呵，谁都跑不了，无一例外。接着还会感叹活着真是一件无意义的事情，平日里那些与人明里暗里搏斗、没命地弄钱弄位子的事情真是太无聊了，死神会把这些我们劳神侍弄来的东西一笔抹销，像抹去一个多余的标点符号，该干什么就干什么吧，想吃就吃、想喝就喝、想玩就玩吧。然后，还没有回到市区里面，原来的东西全部都回来了，谁要是奖金发得比别人少一百块钱，那可不是件小事：凭什么对我这样呵！于是，嘴巴和行动一起赤膊上阵。

刚看到一个作家朋友的一篇文章，文章后面附了一个幽默的简介：一个从来没有脱离低级趣味的人；一个对社会无爱无益的人。作家是个智慧的家伙，他懂得对自己自嘲，自己动手放下身段。我看了格外会心，也明晓作家朋友的通达与颖慧。

我们活着，只要是在身体健康的状态之下，果真就会活在一

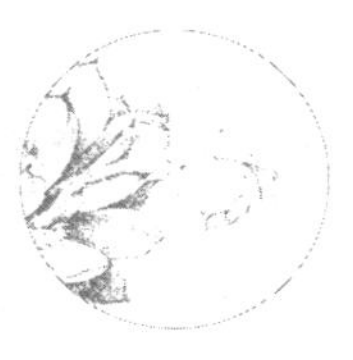

个心智世界里面，这个心智世界是我们亲手搭建起来的，它是由我们的身份、容貌、地位、年龄等汇总而成的东西。我们在现世活着，就是在缝补着这个心智世界，让它没有漏洞，让它看起来繁花似锦。另一个真实的世界我们是不想看的，因为它是无底的黑洞，是死亡、是疾病、是衰老、是无常、是未知、是人与人之间恒久的隔阂、是深不见底的孤独。这个真实存在的世界让我们受到惊吓，我们要否定它，否则恐惧会摧毁我们。我们否定它的方式是另外建造一个世界，那就是我们的心智构建的世界。我们建造这个心智世界的方式，是把一个大席子铺在那个深渊一样的世界上，我们在席子上面铺上鲜花、铺上成功、铺上男欢女爱、铺上格调一样的东西。我们用情色、用图画、用音乐、用多情的人与人的关系来构建这个心智世界的格调，让它高雅、让它华贵、让它不泄露一点席子下面那看不见的幽灵般的黑暗信息。我们看起来完好无损，爱情幸福，仿佛坐在人间的前台，上演着华美的影视剧。

人是群居动物，城市的构建完全按照群居动物的模式呈现。城市是一个一个的连锁店，群居的人群与群居的方式是一个一个的连锁店。我们坐在办公室里面，很大的部分不是靠身体的情绪而是靠社会的情绪来豢养自己。当群体中的小概率好事奖励给我们，我们的身体马上就会感觉到一种轻快，我们感到技高于人。那样的舒服就是一种社会情绪。如果没有这种舒服的社会情绪，刘翔根本不可能把整个生命放置在跑道上，拼命把奔跑的速度提高到人类的极限。超越极限的跑步本身哪有什么乐趣？跑出极端的速度来，身披国旗接受全人类的欢呼，这就是顶级社会情绪的个体独具，味道好极了。这种极度舒服的社会情绪让刘翔用全部的时间和身体的伤痛来置换仿佛也值得。没有这种社会情绪，我根本不想写字，我只选择有趣的阅读，用不着把写出来的字变成书籍，而且扩大书籍的发行量。没有社会情绪，我的朋友用不着把早就挣了三辈子的钱再拿去投资扩张，起早摸黑地活在压力之中，而且在人群当中佯装幸福。

除了我们生命的社会情绪，我们毕竟还有肉体的情绪。这种肉体的情绪是由身体长出来的，这个肉体的情绪具有内在的裸露性。弗洛伊德把这种肉体的情绪叫作潜意识。我们身体的情绪一直盼着与社会情绪相结合，那是一种让我们舒服的身心相融。于是，我们活着，就是拼命制造那么一点儿让我们真心舒服的身心相融的机会。成功的人生中看起来明亮的部分可以达成我们的身心相融。我们在金字塔般结构的人群之中，越处于塔的顶端，越容易让我们感到那样一种身心相融。励志学上的说法叫作自我实现。情事易找，爱情难觅。我们与真心相爱的人的身体的叠加，更是一种身心相融。虽然，抵达这种小概率的成功是要破费我们吃奶的劲头，就像是在缺氧的山峰上艰难爬行。但是，那种身心相融的自我实现感让我们趋之若鹜。是的，只要是我们身体还健康着，只要那个我们铺垫起来的席子还没有破损，或者，只要这只席子破损了我们还能及时把它修补好，我们就会朝着向外在自我实现的模式去奋力前行。这就像是电脑程序早就搁置在生命这台电脑里面一样。

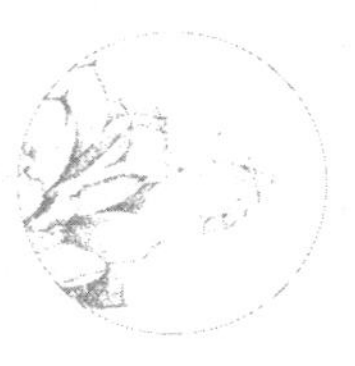

就在前一瞬间，我们大声告诉自己：把每一天像人生的最后一天那样去活，仿佛我们修持成佛。用不了两分钟，我们就会忘了这句佛语，反而把每一天当成我们仿佛永远不死那样去活，整个世界仿佛只是我们自己蚁虫般的心智世界的参照物。这基本上就是我们的生存状态，我们的基因最支持的就是这个活法。

但是，大量的时候，我们的身体情绪是被遮蔽着的，每个人的心中都有一个受伤的小孩，这个小孩就是长在我们生命中的身体情绪。如果我们在成长过程中这个受伤的小孩没有得到及时的治疗，那么我们的身体的病症根本就没有可能痊愈，我们的灵魂就是一个伤口，我们的生命就是一个伤口。我们就是活在看起来繁花似锦的簇拥之中，同时也是自己的一道致命伤口之上。

什么才能够让我们的生命得以治疗？非哲学不可能也。生死学问是一个极度高拔的生命学科，那些不去学习的人根本无法读得懂它。哲学是一种治疗，良性通畅的关系是一种治疗。如果我们不把整个生命作为一个学习的标本、分析的标本、疾病的标本，而只是凭着本能的愿望，顺着外部世界的成功与交际的模式去挥洒自己的能量，活成一个疼痛的无聊的病人简直就是一件顺手的事情。

» 最该拯救的是自己

年轻的时候，“穷则独善其身，达则兼济天下”的情怀很让我受用，我很希望自己能成为这样的人。若干年过去了，我发现自己其实一辈子就是个穷命，仅仅独善其身这件事，就足够让我花费上两辈子功夫。我还发现自己所认识的那些物质上很富足的人，他们最需要做的其实也是“独善其身”，把自己从私我的囹圄中解救出来。至于“兼济天下”，现在我连试图弄明白它的概念都比较困难。

盲人歌手周云蓬说，其实“人类”这个概念就是一种幻觉，因为你到不了所有的地方，你也不能接受所有的人，其实你所谓的人类就是你身边的亲戚朋友，别的都是一种虚幻的东西。听到这话的时候我刚从李沧区办事儿回来。那个区域离我所在区域也就是二十来公里，却是一个平常我去不了的让我很陌生的区域。那天傍晚，我在李沧区一个集市上走，满街都是我不认识的人类。我确实感到了周云蓬所说的那种虚幻。每个人都在街上走，怀抱着自己私小的目的。我也是。我也是其他人的虚幻。我办完

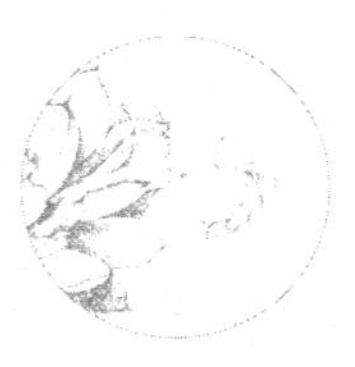

事，只想快点离开这里，离开我不认识的人群，回到我的家里。到了家里我就踏实了。我看书，写字，和朋友用QQ聊聊天。问问老人，问问孩子。然后买菜，做饭，等着家人回来一起吃。

我经常拿出个计算器，精打细算地做出家庭里面的经济预算。然后像蚂蚁筑巢一样驮回家里必需的东西。这么多的人，我关心的其实真的就是我的家人和几个交心的朋友。我关心他们是因为他们是我的“自我”的一部分。爱情和亲情把我们铸就得共用一根疼痛的神经。一年到头我算计着往远方跑跑，必要的时候往国外跑跑。这个想法容易使我产生错觉，认为整个世界都可以是我的。其实，我跑到外面去无非也就是撒撒野、吹吹风、透透气，若是不赶紧回到家里来我非憋死不可。我习惯于待在熟悉的地方，一个方寸之地，继续心满意足地做一只井底之蛙。高兴的时候，就做一只喝着咖啡的井底之蛙。

我算看透了，这一辈子我要拯救的就是我自己。只要我有一瞬间不去看管我的情绪，它就会跑到欲望的深谷里去找野食吃。我的情绪一撒野，整个生命就得跟着它惊慌失措，那些抱怨、嫉妒、仇恨、无聊、恐惧等感觉就会赶来修理我，让我活得焦虑和暴躁，让我长病，让我不快乐，让我的灵魂皮开肉绽。有的时候，我得像个警察看管小偷一样看管着我的情绪。有的时候，我又得像蓝天包容白云一样去包容它们的变幻，用宽大的心襟等待着它们复归安稳和良善。我还知道，我的冬天还远未到达，我会变老，难看到没有性别，疾病和衰老像个确凿的地址一样总会等到我。还有死亡，我在尘世上怎么耽搁都不会错过它。我的情绪会变得恐怖和焦虑。我现在要积蓄的，就是那样一种看护好这些情绪的强大力量。现在我就要动手了，借助于文字和智慧的力量把灵魂的堤坝筑得结实一些，让那些海啸一样凶猛的情绪浪头不那么容易打坏它们。

我曾经在一首诗中写道：拯救我的玫瑰正在一朵一朵打开。我知道，那些拯救我的玫瑰，是爱情，是智慧，是良善，是从我自己体内开出来的花束，是我的自身生命从黑暗中发出来的光芒。

» 自己知道

一个老木匠给人家做了把椅子，他把椅子的外表做得细致入微，把椅子背面看不见的部分也费力做得精细。他的徒弟看到了，不解地问，师傅，你这么认真地做这把椅子，连里面都这么对待，别人又不知道，这又有何意义？老木匠说，我自己知道。这是我小时候读小人书时看到的一个故事。从看到这个故事的那一天起，这个故事就被我记住了。

我做的事情，我自己知道。这是一个很要命的存在。这种要命的存在一如哲学确凿无疑。一些我做的事情，我想让自己不知道都不行。

我秘密地为别人做了一些小小的好事；我秘密地暗中体谅了别人；我秘密地为一个陌生人添加了一点火柴棒大小的温暖。过去，当我也这么做了的时候，是有企图的，我至少想让别人认为我是个好人；倘若别人不知道，那是多么让我沮丧的事情。可是，现在我不沮丧了，就是因为我自己知道。当然，我也曾显得很巧妙地在众人面前虚荣了一把，我甚至很高明地以一种低成本的事情为自己换取了一件高收益的事情。过去我或许会以为，活在世上嘛，哪有不讨巧地活着的。无论别人知道不知道，我现在都逃脱不了“自己知道”这个哲学一样的命题。我发现我得到的那点好处真是蝇头小利了，根本就不划算，因为我要付出让自己讨嫌自己这么一种很大的成本，而且，这种成本因为记忆的持久，一生都在因脸红而付出。

我发现，只要想要实现一些自己的欲望，只要想要得到多一些的利益，我就要付出生命中罪性的一些东西。而那些多余的利益真的就那么被我需要吗？我为此“自己知道”了自己的一些罪性，是一件多么荒谬又小瞧自己的事情。

如果我自己的光芒不是来自我自己灵魂的高度，我要那些人造的光芒干什么？

德国心理学大师海宁格认为宇宙间有一个隐藏的规律，不但及于万物，也运作在人类的内在生命之中。他说，当我们的生命不再和谐，发生了家庭失和、身心疾病、感情挫折、人生困境、事业失败等负面事件，其实并非偶然，而是因为这隐藏的规律被破坏了。我还认同，这个规律就是老子所说的“道”。是的，良知这件事，是上苍安置在天地万物外部宇宙间的一个规律性的东西，同时也在每个人的内宇宙之中安置了这个规律性的东西。我们做出的事情背离了自己的良知，无论自己看起来得到了多么大的利益，可是，我们都不会逃脱“自己知道”的惩罚。我们虚伪、不良善、急功近利、欲望横流，无论我们打着多么道貌岸然的旗号，都会使得这种安置在我们生命中隐藏的规律被破坏。这种破坏带给一个人最小的坏处是他始终不能问心无愧，经不起自己的追问。更大的坏处就是扭曲、焦虑，不知自己是鬼是人，醉生梦死，在一大堆物质和官职面前生不如死。